Englisch für Angeber

GERALD DREWS UND PAT LAUER

ENGLISCH
FÜR ANGEBER

Bassermann

Der Text dieses Buches entspricht den Regeln
der neuen deutschen Rechtschreibung

ISBN-10: 3-8094-1982-6
ISBN-13: 978-3-8094-1982-2

Redaktion: Gerald Drews, Augsburg
Lektorat: Birgit Adam, Augsburg
Illustrationen, Herstellung und Satz: Bert K. Roerer, Augsburg
Herstellung Verlag: Sonja Storz
Druck und Bindung: GGP Media GmbH, Pößneck

Printed in Germany

817 2635 4453 6271

Inhalt

Vorwort

Liebe Leserin, geneigter Leser,

warum dieses Buch? Englisch ist die Weltsprache Nummer 1. Sie wird auf allen Kontinenten gesprochen. Ohne Englisch ist man ein Nichts, ein Niemand. Deshalb haben Sie das einzig Richtige getan: Sie haben dieses Buch gekauft. Es enthält vor allem Sprichwörter aus dem Volksmund und Alltagssätze, dazu englische „Klassiker" und Aphorismen großer Briten, die in aller Munde sind.
Auch der eine oder andere Amerikaner ist uns in dieses Büchlein gerutscht. Wir hoffen, Sie sehen das nicht so eng. Aber im Zweifel war uns originell wichtiger als original. Entscheidend ist der Nutzwert dieser Alltagsworte – household words, wie sie Charles Dickens genannt hat.
Wir hoffen, es ist uns im Interesse unserer Leser das gelungen, was Shakespeare in „Hamlet" folgendermaßen umschrieben hat:

Brevity is the soul of wit.
Kürze ist des Witzes Seele.

Sicher wird der eine oder andere Leser mit einem weiteren Ausspruch aus demselben Stück fordern:

More matter, with less art.
Mehr Inhalt, wen'ger Kunst.
William Shakespeare, „Hamlet"

Andere werden finden, dass zuweilen die Fantasie mit uns durchgegangen ist. Sie wissen schon:

The poet's eye, in a fine frenzy rolling.
Des Dichters Aug' in schönem Wahnsinn rollend.
William Shakespeare, „Sommernachtstraum"

Wir hoffen, Sie haben beim Schmökern trotzdem Ihren Spaß und nehmen dieses Werk als das, was es sein soll: eine heitere Lektion Englisch für Schüler, Studenten und Erwachsene. Wir erheben keinen Anspruch auf strenge Wissenschaftlichkeit, aber wir würden uns freuen, Sie gut und lehrreich zu unterhalten.
Was wir diesem Buch wünschen, ist klar:

He was not of one age, but for all times.
Er war nicht eines Zeitalters, sondern für alle Zeiten.
Ben Johnson, aus einem Gedicht über William Shakespeare

Und was wir uns, den Herausgebern, selbst wünschen, ist auch klar:

I awoke one morning and found myself famous.
Ich erwachte eines Morgens und fand mich berühmt.
Lord Byron (1788–1824), „Childe Harold's Pilgrimage"

The rest is silence.
Der Rest ist Schweigen.
Hamlets letzte Worte.

Unsere nicht. Denn jetzt geht's erst richtig los.

Great and greater Britain

Warum Englisch nicht einmal in England immer wie Englisch klingt und was man beachten muss, um einen Brummie oder einen Scouser zu verstehen.

Englisch ist die Weltsprache Nummer 1. Kein Zweifel. Milliarden von Menschen können es zumindest radebrechen – im Mutterland, in Nordamerika und Australien ist es die Landesprache. In zahllosen ehemaligen Kolonien ist Englisch bis zum heutigen Tage noch Amtssprache und selbst dort, wo sich das einheimische Idiom wieder durchgesetzt hat, kann praktisch jedermann sich irgendwie auf Englisch verständlich machen.
Was dem deutschen Schüler innerhalb kürzester Zeit auffällt: Englisch ist nicht gleich Englisch, denn Amerikanisch, Australisch oder gar jamaikanisches Englisch unterscheiden sich von ihrer Ursprungssprache doch gewaltig. Und auch im „Kernland" der Sprache – in Großbritannien selbst – hat sich neben den Akzenten der Einwanderer eine Fülle von Dialekten etabliert – vergleichbar mit Bayerisch, Hessisch oder Sächsisch in unseren Breitengraden. Und da wir uns aufgrund des beschränkten Platzangebots in diesem Buch außerstande sehen, sämtliche phonetischen Besonderheiten der Immigranten aufzuzählen und zu erläutern, beschäftigen wir uns lieber mit den mannigfaltigen Dialekten des Englischen im Mutterland der Sprache. Here we go:
Der seltsamste aller Dialekte ist zweifelsohne das so genannte „Cockney". Diese Sprache – die Bezeichnung Dialekt reicht hierfür eigentlich schon nicht mehr – wird nur und ausschließlich in London gesprochen und als echter Cockney (nicht nur die Sprache, sondern auch ihre Benutzer werden als Cockneys bezeichnet) gelten nur Personen, die „born within the sound of

the Bow bells“ wurden. Also nur diejenigen, die dort geboren wurden, wo der Klang der Glocken der kleinen Kirche St. Mary-le-Bow noch zu hören ist. Dieses kleine, eher unscheinbare Kirchlein liegt in Cheapside (London E2) und war einstmals eine von Arbeitern für Arbeiter errichtete Kapelle.

Cockney zeichnet sich in erster Linie durch seinen „rhyming slang“ aus – Logik hingegen ist dieser Sprachausformung fremd. Abgesehen davon, dass viele Laute des Englischen sehr verwaschen rüberkommen und aus einem „How do you do“ einfach eine „Haudje“ wird, haben sich im Laufe der Jahrhunderte abstruse „Reimrätsel“ ausgebildet. Achtung – jetzt wird's kompliziert: Denn während der Satz „Take a butcher's at that“ für den normalen Briten eigentlich überhaupt keinen Sinn ergibt, weiß der Cockney, dass er von seinesgleichen aufgefordert wurde, nach einem bestimmten Gegenstand zu suchen. Denn in der verqueren Reime-Logik eines Cockney steht für das englische „look“ der Begriff „butcher's hook“, was eigentlich so viel wie Schlachterbeil bedeutet und mit „suchen“ oder „schauen“ nix, aber auch gar nix zu tun hat. Jedoch im ungeschriebenen Wörterbuch des Cockney bedeutet „butcher's hook“ nichts anderes als „look“, und da dem Eingeweihten der tiefere Sinn dieser Redewendung geläufig ist, lässt er im Gebrauch auch noch das „hook“ einfach weg, so dass „to take a butcher's“ letztlich ganz allein für „suchen“ oder „schauen“ steht. Kapiert? Nein? Klar – niemand außer einem Cockney kapiert das, aber wir wollen mit einigen weiteren Beispielen gerne verdeutlichen, wie die Sache vonstatten geht.

Also – „butcher's hook“ bedeutet „look“. „Apples und pears“ – eigentlich Äpfel und Birnen – bedeutet „stairs“, also „Stufen“, denn das Wort „pears“ reimt sich auf „stairs“. Wenn der Cockney seinem ebenfalls aus der besagten Londoner Gegend stammenden Gegenüber also erklären will, dass er die Stufen hinaufgeklettert ist, so sagt er

I've been climbing apples and pears,

was für alle Uneingeweihten natürlich völliger Blödsinn ist, denn wer würde schon Äpfel und Birnen ersteigen wollen?

I've been climbing apples and pears.

Bin ich wirklich Äpfel und Birnen hinaufgestiegen?

Stellen Sie immer noch die Sinnfrage? Lassen Sie's bleiben. Betrachten Sie die Eigenheiten des Cockney lieber als einen typischen britischen Scherz, den man nun wirklich nicht auch noch verstehen muss, um nicht darüber lachen zu können. Einen gewissen Witz vermag der Macho wenigstens noch im Begriff „trouble and strife“ (Ärger und Hader) erkennen, denn was reimt sich auf „strife“? Richtig – „wife“. Und tatsächlich ist damit auch die Frau gemeint, was für diese nicht sehr schmeichelhaft, für den Cockney aber offensichtlich nachvollziehbar ist.
Erschwerend beim Verständnis des Cockney ist auch die Tatsache, dass sehr viele Begriffe abgekürzt werden. So nennt ein Cockney den Bahnhof „Victoria Station“ gerne einfach „viking“, was im Original „Wikinger“ bedeutet und die Einwohner von „Bristol city“ werden „titties“ genannt, was anderorts eine vulgäre Bezeichnung für die weiblichen Brüste darstellt.
Lassen Sie uns am Ende dieser kleinen Einführung in die Absonderlichkeiten des absonderlichsten aller englischen Dialekte einen kleinen Test veranstalten. Übersetzen Sie den folgenden Cockney Satz bitte ins Deutsche:

My trouble and strife took a butcher's upon the apples and pears at vikings but couldn't find the titty.

Viel Glück.
Verabschieden wir uns nun aus London und wenden uns den „Geordies“ (gesprochen: „Tschordies“) zu. Das Wort „Geordie“ bezeichnete ursprünglich eine von George Stephenson erfundene Grubenlampe, und so nennen sich heute die Leute, die aus der Umgebung der Bergarbeitermetropole Newcastle-upon-Tyne stammen. Das Besondere an diesem Dialekt ist seine abgehackt-dumpfe Intonation: Aus dem Wort „welcome“ wird ein „welcuhm“, aus dem kurzen „to“ wird ein „tuuh“, und aus dem weichen „around“ wird ein „aruund“. In einen Satz gepresst würde es also heißen:

Welcuhm tuuh geordie land which is aruund us.

Zudem fehlen immer wieder eigentlich wichtige Konsonanten, wobei „geordie-speak“ dies mit anderen Dialekten gemein hat. So wird man das „d“ im Wort „and“ in Newcastle praktisch niemals hören, während das „a“ in der Mitte eines Wortes breiten Raum einnimmt, was das schnelle Verständnis des folgenden Satzes deutlich erschwert:

Me an' Ma saaw an animal an' an amber.
Ich und Mama sahen ein Tier und einen Bernstein.

Übrigens: Auch die Stadt selbst klingt für die Ohren anderer Briten im geordie-speak höchst ungewohnt. Aus Newcastle nämlich wird „Newcassel“, wobei nach dem „a“ deutlich eine Art scharfes „s“ zu hören ist – der Aussprache der deutschen Stadt „Kassel“ durchaus ebenbürtig.
Eine ganz eigene Sprachfärbung pflegt auch der gebürtige Liverpooler, der sich selbst gerne als „Scouser“ bezeichnet und seinen Dialekt folgerichtig als „Scouse“. Auch hier wird aus dem kleinen, unauffälligen und doch so wichtigen Wörtchen „to“ etwas ganz anderes, nämlich „ter“.

Welcome ter Liv'rpool

steht also für ein herzliches Willkommen in dieser Arbeiter- und Fußballstadt, wobei uns schon eine zweite Besonderheit auffällt. Scousers nämlich verschlucken gerne die Mitte eines Wortes, so dass nicht nur aus „Liverpool“ ein „Liv'rpool“ wird, sondern aus „living“ auch ein „liv'n“ und aus „restaurant“ ein „rest'rant“. Zudem mögen Liverpooler es offensichtlich nicht so gerne, wenn ein Wort am Ende sang- und klanglos ausklingt. So wird aus „token“ ein „tokun“ und aus „spoken“ ein „spokun“ und gar zu schmucklos erscheint ihnen offensichtlich das Wörtchen „are“ aus dem ein schickes „ay“ wird. Auch hierzu der passende Satz:

Welcome ter Liv'rpool. People liv'n in and around the town ay called scousers. Scouse is also the di'lect spokun in this area.

Wenn Sie nun gedacht haben, schlimmer geht's nimmer, dann haben Sie offensichtlich noch niemals mit jemandem aus Birmingham gesprochen. Die Bewohner dieser Stadt und der unmittelbaren Umgebung werden „Brummies" genannt – eine durchaus lautmalerische Bezeichnung, die sich offensichtlich an ihrem mehr oder weniger aus teddyartigen Brummlauten zusammengesetzten Dialekt orientiert. Brummies gelten – zumindest sprachlich – als die Oberbayern Englands, wobei sie sich auch die Freiheit nehmen, grammatikalische Besonderheiten zu pflegen. So wird aus dem gewöhnlichen „we are" ein denkbar falsches „we am", was wörtlich übersetzt „wir bin" bedeuten würde. Kein Wunder, dass andere Briten sich gerne über „Brummies" lustig machen, was aber auch daran liegt, dass im Birmingham-Jargon ein Doppel-n einfach zu einem Doppel-d wird. Aus „sunny" wird somit „suddie" und aus „funny" ein „fuddie", wobei das „u" auch tatsächlich als deutsches „u" ausgesprochen wird und nicht etwa zum englischen „a" wird. Als ob das noch nicht genug wäre, ersetzen Brummies verschiedene Vokale – vorzugsweise gegen Ende eines Wortes – durch das „o". Und wenn wir gerade beim „o" sind: Das „au" in den Worten „now" and „how" wird bei den Brummies zu einem deutlich hörbaren, langen „o" – diesen Buchstaben mögen sie einfach. Der Beispielsatz hat's diesmal also wirklich in sich:

An' noo e am in Burminum surrounded by brummoys,
who are often ridiculed by the English,
because of their fuddie woy of speakin'.

Und jetzt in „echtem" Englisch:

And now we are in Birmingham surrounded by the
native Brummies, who are often ridiculed by the English
because of their funny way of speaking.

Und jetzt sind wir in Birmingham, umgeben von Brummies, die von Engländern wegen ihrer lustigen Sprechweise oft verspottet werden.

Verlassen wir nun die englischen Gefilde – wenden wir uns zwei Gegenden zu, die sich nur höchst ungern als „englisch“ bezeichnen lassen und selbst eine Einordnung unter den Begriff „britisch“ eher widerwillig hinnehmen: Die Rede ist von Schottland und Irland.
Das rollende schottische „r“ ist den meisten vertraut und wenn ein Schotte davon spricht, dass er „a rrreal scottish man“ ist, dann besteht an seinem wahren „Schottentum“ nicht der geringste Zweifel. Allerdings gibt es auch in Schottland noch durchaus Unterschiede im Dialekt, so dass man als Europäer die Hausfrau aus Aberdeen zwar durchaus verstehen kann, beim Hafenarbeiter aus Glasgow allerdings kaum noch eine Chance hat. Einige Regeln allerdings gelten in ganz Schottland:

* „You“ auf Schottisch heißt „ye“ und
* „no“ heißt auf Schottisch „nae“ (gesprochen „neei“).
* Und das kurze „o“ in Worten wie „book“ oder „could“ wird im schottischen zu einem langen „o“ wie in „too“.

Unser Beispielsatz klingt demzufolge richtig nett:

If ye can nae listen, ye rrreally woood miss the sound of the rrroaring horns.
If you cannot listen, you really would miss the sound of the roaring horns.

Wenn du nicht zuhören kannst, würdest du den Klang der donnernden Hörner sicherlich verpassen.

Wohlgemerkt – wir sprechen in diesem Zusammenhang vom schottischen Akzent des Englischen – echtes Schottisch als eigene Sprache gibt es nämlich auch noch. Diese heißt allerdings „Gälisch“, ist eine uralte keltische Sprache und hat mit dem Englischen so viel gemein wie das Deutsche mit dem Japanischen.
Übrigens: Gälisch ist mutmaßlich eine der genauesten Sprachen der Welt. So gibt es für den Begriff „Land“ rund ein Dutzend verschiedene Worte: „Abar“ ist das Marschland, „Ar“ ist

das Ackerland, „Banb“ ist das Land, das ein Jahr nicht gepflegt wurde, „Banba“ ist ein mystischer Name für Irland, „Brug“ ist ein Weideland, „Bard“ ist ein umzäuntes Weideland, „Ceapach“ eine Stück kultivierbares Land, „Dabach“ eine Maßeinheit für ein Stück Land und so weiter und so fort. Wie präzise das Gälische ist, lässt sich am Wort „Rodach“ illustrieren. Es steht im irischen Gälisch für „Seetang auf Holzstücken unter Wasser“.
An einigen Schulen in Schottland und an allen Grundschulen in Irland wird Gälisch seit einigen Jahren wieder gelehrt – vor allem die Iren in der nicht zu Großbritannien gehörenden Republik des Südens wollen sich damit offensichtlich wieder ihrer eigentlichen Wurzeln entsinnen. Die allgemeine Sprache jedoch ist auch in Irland Englisch und auch hier gilt, dass die Ausformungen von County zu County (ehemalige Grafschaften, vergleichbar mit Regierungsbezirken) unterschiedlich sind.
Als „hässlich“ gilt vor allem der Akzent der Bewohner Dublins, der sich vor allem durch das hörbare „u“ auszeichnet. So nennen sich die Hauptstädter nicht „Dabliner“, wie es der Brite sagen würde, sondern „Dublina“ und hier, wie auch im Wörtchen „Pub“, bleibt das „u“ tatsächlich ein „u“, wie wir es im Deutschen gewohnt sind.
Im Übrigen ist der irische Dialekt eher weich, verschluckt viele Endungen („endinn“ statt „ending“) und ist in manchen Bereichen dem Amerikanischen nicht unähnlich. Das „a“ in Worten wie „father“ wird sehr lang gesprochen und das stimmlose „e“ am Ende von Worten wie „nice“ oder „fine“ wird zu einem kurzen, hörbaren Schnapplaut.

Ma faather had a finah day in the puub

hieße auf Englisch:

My father had a fine day in the pub.

Kompliziert wird das Ganze zusätzlich dadurch, dass ein irisches „a“ in Worten wie „day“ auch tatsächlich ein „a“ bleibt, so dass der Satz

Todaay is a finah day to die

nicht einfach zu verstehen ist. Versuchen Sie mal, diesen Satz auf Irisch auszusprechen, wobei das „a" in „today" wie ein langes „a" ausgesprochen wird und das „a" in „day" ebenfalls ein „a" bleibt. Merken Sie's? Die Worte „die" (sterben) und „day" (Tag) klingen praktisch genau gleich – höchst makabere Verwechslungen sind für Kontinentaleuropäer also an der Tagesordnung. Übersetzt heißt der Satz übrigens: „Heute ist ein schöner Tag zum Sterben" und die Anleihe an den gleichnamigen berühmten Western sei uns verziehen.

Entfernen wir uns für einen Moment von den Absonderlichkeiten der irischen Sprache und werfen wir einen Blick auf die Absonderlichkeiten des irischen Menschen. Wie viele andere Inselvölker auch, haben die Iren einen ganz besonderen Bezug zum Wasser, der sich in erster Linie darin äußert, dass es für Iren jahrhundertlang als höchst unschicklich galt, schwimmen zu können. Dies mag nun absurd anmuten, bestritten doch Millionen irischer Männer ihren Lebensunterhalt als Fischer, die nicht selten mit ihren winzigen Schaluppen in der rauen See des Atlantiks kenterten. Doch zeigt sich in der Verweigerung des Schwimmens sehr eindrucksvoll der Fatalismus der irischen Seele, der sich in folgender Redewendung widerspiegelt:

If god wants you to swim he makes you a fish.
Wenn Gott will, dass du schwimmst,
macht er dich zum Fisch.

Die beiden größten Flüsse Irlands sind der „Shannon" (Republik) und der „Erne" (Nordirland). Es ist guter Brauch und Sitte für jeden Iren, ein Grasbüschel in einen dieser Flüsse zu werfen, wenn er ihn überquert, denn ...

Grass for the river is ground for your life.
Gras für den Fluss ist ein Fundament (Erdboden)
für dein Leben.

Ein weiteres, höchst markantes irisches Sprichwort bezieht sich auf den Giant's causeway (Damm des Riesen). Diese eindrucksvolle Basaltformation aus erkalteter Lava besteht aus rund 40 000 sechseckigen Säulen und steht an der Küste Nordirlands zwischen Portrush und Ballycastle. Die Säulen sind unterschiedlich hoch und führen vom Ufer ins Meer hinein, wobei die Sage behauptet, hier habe ein Riese versucht, einen Damm nach Schottland zu bauen, um trockenen Fußes zu seiner Liebsten zu gelangen. Wenn die Flut über die tiefer stehenden Säulen spült, glänzen diese in einem beeindruckenden Nachtschwarz, und wenn nun die Sonne rot untergeht und das Wasser zwischen den Felsformationen emporquillt, so sieht dies für empfindsame Gemüter durchaus so aus, als würden die Felsen bluten. Und da Iren an nichts lieber glauben als an das Unglück, haben sie auch dafür den passenden Spruch:

When there's blood on Giant's causeway,
there will be a night on Eire.
Wenn Giant's Causeway blutet, wird es Nacht über Irland.

Dieses Sprichwort ist besonders hübsch, weil es so doppeldeutig ist: Gemeint ist natürlich die Nacht des Unglücks, doch selbst wenn dieses Unglück wider Erwarten nicht eintreffen sollte, hat der Ire immer Recht. Nach dem Sonnenuntergang wird es nämlich bekanntlich immer Nacht.
Übrigens: „Eire" ist der alte, gälische Name für Irland und ausgesprochen wird es in etwa wie das englische „year" – allerdings deutlich gedehnter.
Ganz zum Schluss dieses Kapitels setzen wir noch einmal zur größeren Insel über und werfen einen Blick auf die 500 000 Menschen, die bis heute „Cymru" sprechen. „Cymru" heißt im Englischen „Welsh" (Walisisch) und ist wie das Gälische eine alte keltische Sprache, die in Wales nach wie vor gepflegt wird und neben dem Englischen zweite Amtssprache ist. Die Sprache ist bekannt für ihre endlos langen Worte und wir maßen uns nicht an, an dieser Stelle Fragen zur Aussprache zu beantworten. Das „Wörterbuch für Walisisch" heißt auf Cymru „Geiriadur Prifysgol Cymru" und damit ist eigentlich

Todaay is a finah day to die.

Heute ist ein schöner Tag zum Sterben.

schon fast alles gesagt. Das Englisch der Waliser hat hingegen eher wenig Absonderlichkeiten, sieht man davon ab, dass es sehr weich und melodisch klingt und für den Außenstehenden an einen Singsang erinnert.
So weit unser Blick auf die verschiedenen Dialekte und ihre Absonderlichkeiten, wobei dieses Kapitel bei weitem keinen Anspruch auf Vollständigkeit erhebt. Natürlich könnte man noch den „Mancunian“ erwähnen, denn damit ist ein Einwohner Manchesters und sein gleichnamiger Dialekt gemeint. Interessant in diesem Zusammenhang: „Mancunian“ wird von den Schauspielern der ältesten britischen Fernsehserie „Coronation Street“ gesprochen. Gegen „Corrie“, wie diese Soap seit nunmehr 50 Jahren von ihren Fans liebevoll genannt wird, ist die „Lindenstraße“ quasi noch ein Jungspund.
Auch das West Country Englands, also Cornwall, Devon, Sommerset und Bristol, hat seinen besonderen Dialekt und das weiche „d“ der Einwohner von Yorkshire ist ebenfalls berühmt. Doch immerhin haben wir Ihnen einen Einblick in die charmantesten und absonderlichsten Facetten der englischen Sprache in ihrem ureigenen Zentrum verschafft.

Worldly Wisdom – Lebensweisheiten

Ein paar wichtige Alltagssprüche und „klassische" Zitate für alle Lebenslagen.

It was the nightingale and not the lark.
Es war die Nachtigall und nicht die Lerche.
William Shakespeare, „Romeo und Julia"

Dieses Kapitel widmen wir dem irischen Komödienschreiber Oliver Goldsmith (1728–1774), denn seine kluge Mahnung lehrt uns Demut oder sollte dies jedenfalls tun:

Man wants but little here below,
nor wants that little long.
Hienieden braucht der Mensch nicht viel,
noch braucht er's lange Zeit.

Sätze wie dieser sind von dem geprägt, was Shakespeare in „Macbeth" als

the milk of human kindness
die Milch der Menschenliebe

beschreibt.

Auch wir lieben die Menschen. Darum geben wir Ihnen ein paar der schönsten englischsprachigen Lebensweisen mit auf den Weg. Mag sein, dass Sie viele davon schon kennen. Dies könnte uns den Vorwurf einbringen:

Don't try to teach your grandmother to suck eggs.
Versuch deiner Großmutter nicht beizubringen,
wie man Eier aussaugt.

Ein schöner Beweis für die Bildhaftigkeit der englischen Sprache. Er entspricht dem deutschen Sprichwort: Das Ei will klüger sein als die Henne.
So mancher Naseweis muss sich den Vorwurf gefallen lassen:

Fools rush in where angels fear to tread.
Narren stürmen herein, wo Engel nicht wagen, aufzutreten.

Kurz und gut: Es gibt Dinge, von denen der Kenner die Finger lässt, während sich Unerfahrene daran die Finger verbrennen.
Von vergeblicher Liebesmühe handelt das folgende Bild:

We carry coals to Newcastle.
Wir tragen Kohlen nach Newcastle.

Da Newcastle ein bedeutender englischer Kohlehafen ist, wird klar, was dieser Spruch bedeutet: Eulen nach Athen tragen. Ein Spruch, der übrigens seinen Ursprung darin hat, dass die Eule als Sinnbild der Weisheit Athene beigegeben wurde – der Schutzgöttin Athens.
Bleiben wir bei der Weisheit:

Early to bed and early to rise
makes a man healthy, wealthy and wise.
Früh zu Bett und früh aufstehen macht gesund,
reich und klug.

Das war die Lebensphilosophie von Benjamin Franklin (1706–1790). Alle drei Dinge verkörperte dieser amerikanische Verleger, Politiker und Erfinder wie kaum ein anderer, was uns lehrt:

Fortune favours the bold.
Das Glück ist mit den Mutigen.

Beziehungsweise:

Faint heart never won fair lady.

It was the nightingale and not the lark.

Es war die Nachtigall und nicht die Lerche.

Ein mutloses Herz hat noch nie eine Dame erobert.

Was unserem Sprichwort entspricht: Wer nicht wagt, der nicht gewinnt. Logischerweise gilt umgekehrt:

He who hesitates is lost.
Wer zögert, ist verloren.

Beziehungsweise:

You can't have your cake and eat it.
Du kannst nicht gleichzeitig deinen Kuchen behalten und essen.

Du musst dich entscheiden. Das ist leichter gesagt als getan, denn:

The first step is the hardest.
Der erste Schritt ist am schwersten.

Vorausgesetzt, man ist entsprechend motorisiert:

A horse, a horse, my kingdom for a horse!
Ein Pferd, ein Pferd, mein Königreich für ein Pferd!

Das ruft in Shakespeares „Richard III." der König, als er erkennt: Die Schlacht ist verloren! Dabei wäre er vermutlich schon mit einem Ackergaul zufrieden gewesen, wohl wissend:

Beggars can't be choosers.
Bettler dürfen nicht wählerisch sein.

Oder – um im Bild zu bleiben: Einem geschenkten Gaul sieht man nicht ins Maul. Aber verzagen wir nicht:

Every cloud has a silver lining.
Jede Wolke hat einen silbernen Rand.

Will heißen: Auf Regen folgt Sonne. Am besten, man überlässt das Glück nicht dem Zufall, sondern nimmt sein Schicksal selbst in die Hand. Genie allein reicht allerdings auch nicht aus:

Genius is one per cent inspiration and ninety-nine per cent perspiration.
Genie ist ein Prozent Eingebung und neunundneunzig Prozent Schweiß.
Thomas Alva Edison, Erfinder (1847–1931)

Mit anderen Worten:

Use makes mastery.
Übung macht den Meister.

Und geht eine Übung mal daneben, kann man es mit Oscar Wilde halten:

Experience is the name
everyone gives to his mistakes.
Erfahrung ist der Name,
den man seinen Fehlern gibt.
Aus dem 1893 geschriebenen Stück
„Lady Windermeres Fächer“

Da wir selbst uns jedoch für fehlerfrei halten, fahren wir fort, Sie zu belehren:

Much ado about nothing.
Viel Lärm um nichts.

So heißt bekanntermaßen ein berühmtes Lustspiel von Shakespeare. Es könnte die Devise unserer Zeit sein, die sich so weltmännisch gibt und dabei so kleinkariert ist. Wir wissen längst:

Something is rotten in the state of Denmark.
Etwas ist faul im Staate Dänemark.
Shakespeare, „Hamlet“

Jedoch lehrt uns die Flut der Medien täglich neu:

Barking dogs seldom bite.
Bellende Hunde beißen nicht.

Dabei verliert man hin und wieder den Überblick:

Better to ask the way than to go astray.
Besser nach dem Weg fragen, als verloren gehen.

Nicht selten führt die Frage nach dem Weg zum Ziel, wie etwa in dem alten Witz: Können Sie mir bitte sagen, wo die andere Straßenseite liegt? – Dort drüben. – Komisch, die schicken mich immer hier 'rüber ...
Was lernen wir daraus:

There are two sides to every question.
Auf jede Frage gibt es zwei Antworten.

Eine Erkenntnis, die auch eine gesunde Portion Opportunismus beinhaltet – nach der alten Kaufmannsregel:

Business is business.
Geschäft ist Geschäft.

Was so manchen faulen Kompromiss bedingt – sei es in der Schule, im Beruf oder in der Familie:

Something is better that nothing.
Etwas ist besser als gar nichts.

Daraus folgt:

One must howl with the wolves.
Man muss mit den Wölfen heulen.

Denn:

The customer is always right.
Der Kunde hat immer Recht.

Hin und wieder sollte man jedoch seiner Wut freien Lauf lassen:

There's no smoke without fire.
Ohne Feuer kein Rauch.

A horse, a horse, my kingdom for a horse!

Ein Pferd, ein Pferd, mein Königreich für ein Pferd!

Weitere Überlebensratschläge gefällig?

Providing is preventing.
Vorsorge ist Vorsicht.

Oder aber auch:

Rip not up old sores.
Reiß keine alten Wunden auf.

Ein Trost bleibt:

Time cures all things.
Die Zeit heilt alles.

So manches Problem löst sich auf folgende Weise:

Out of sight, out of mind.
Aus den Augen, aus dem Sinn.

Extra für Schönheitschirurgen wurde wohl die folgende Behauptung kreiert:

Art improves Nature.
Kunst verfeinert die Natur.

Dabei gäbe es billigere Prozeduren:

Sleep is better than medicine.
Schlaf ist besser als Medizin.

Bleiben uns nur noch die berühmten letzten Worte:

All men are mortal.
Jeder muss sterben.

Think positve –
Denke positiv

Friede, Freude, Eierkuchen:
ein Kapitel über die Sonnenseiten
des menschlichen Daseins.

Life is a pilgrimage.
Das Leben ist eine Pilgerreise.

Dieses Kapitel widmen wir Tommy, dem blinden Flipperkönig und Helden der berühmtesten Rockoper aller Zeiten. Pete Townshend, Autor und „Kopf" der Rockgruppe „The Who", lässt Tommy sagen:

I'm free, I'm free!
And freedom tastes of reality.
I'm free, I'm free!
And I'm waiting for you to follow me.
Ich bin frei, ich bin frei!
Und Freiheit schmeckt nach Wirklichkeit.
Ich bin frei, ich bin frei!
Und ich warte darauf, dass du mir folgst!

Wir sollten uns schon morgens beim Aufstehen vor Augen halten:

Every day of your life is a leaf of history.
Jeder Tag deines Lebens ist ein Stück Geschichte.

Well roared, lion!
Gut gebrüllt, Löwe!
Shakespeare, „Sommernachtstraum"

Sollten Sie allerdings mit einem „brüllenden" Kater aufgewacht sein, hilft nur ein Rückblick auf – hoffentlich – schöne Stunden:

One day of pleasure is worth two of sorrow.
Ein Tag voller Freude ist zwei traurige Tage wert.

Wir hoffen einerseits, Sie nehmen den ersten Teil des folgenden Satzes nicht persönlich, und wünschen Ihnen andererseits, dass der zweite Teil auf Sie zutrifft:

Children and fools have merry lives.
Kinder und Narren haben ein glückliches Leben.

Und jetzt frisch, fromm, fröhlich, frei ans Tageswerk:

Mirth is the sugar of life.
Frohsinn ist die Süße des Lebens.

Hamlets berühmter Monolog aus dem dritten Akt darf denn auch vor dem Badezimmerspiegel nicht fehlen:

To be or not to be,
that is the question.
Sein oder Nichtsein,
das ist hier die Frage.

Aber, aber! Wo bleibt der Optimismus, den wir uns für dieses Kapitel verordnet haben?

Life is sweet.
Das Leben ist süß.

Der Blick in den Spiegel sagt uns nämlich auch:

A thing of beauty is joy forever.
Schönheit ist ewige Freude.
John Keats, „Endymion"

Eigentlich sollte man seine Stärken woanders suchen als in schnöden Äußerlichkeiten. Wie wäre es mit einem Trost von Lord Alfred Tennyson:

Kind hearts are more than coronets.
Ein gutes Herz ist mehr wert als eine Krone.
Aus: „Lady Clara Vere de Vere"

Oder, noch allgemeiner:

God made him, and therefore let him pass for a man.
Gott schuf ihn, also lasst ihn für einen Menschen gelten.
Shakespeare, „Kaufmann von Venedig"

Derartige Sentenzen rühren uns. Denn schließlich wollen wir ja (fast) alle gut und menschlich sein. Und wenn wir uns mal wieder so richtig wohltätig fühlen, entfleucht uns der Satz:

I'm moved to tears.
Ich bin zu Tränen gerührt.

Aber vergießen Sie keinesfalls zu viel von Ihrem salzigen Augensaft. Denn:

It is no use crying over spilt milk.
Es lohnt nicht, über vergossene Milch zu weinen.

Und sollte Sie jenes Wort nicht getröstet haben, vielleicht hilft dieses:

Happiness is not a horse;
you cannot harness it.
Glück ist kein Pferd;
es lässt sich nicht zähmen.
(Wörtlich: Es lässt sich nicht einspannen.)

Dass die Briten ein praktisches Volk sind, beweist die folgende Lebensweisheit:

If you can't be good, be careful.
Wenn du nicht gut sein kannst, sei vorsichtig.

Überhaupt scheint in Britannien Vorsicht die Mutter der Porzellankiste zu sein:

Zeal without prudence is frenzy.
Eifer ohne Vorsicht ist Wahnsinn.

Oder:

The better part of valour is discretion.
Der bessere Teil der Tapferkeit ist Vorsicht.

Dies behauptet zumindest der kleine dicke Falstaff in Shakespeares „Heinrich IV."

Doch letztlich läuft beim five o'clock tea der Sinn des Lebens nur auf eines hinaus:

Content is all.
Zufriedenheit ist alles.

Und so richtig selbstzufrieden kuschelt sich „Lord Leicester aus Manchester" (mit dem Schlager gleichnamigen Titels stand Manuela am 29.4.1967 auf Platz 12 der deutschen Hitparade) in seine Sofaecke und denkt:

A good conscience is a soft pillow.
Ein gutes Gewissen ist ein sanftes Ruhekissen.

Doch halt! Wie steht es mit der folgenden menschlichen Eigenschaft?

He that has no shame, has no conscience.
Wer keine Scham hat, hat kein Gewissen.

Nehmen wir an, man hat beides: Scham und Gewissen. Wie heißt es dann so schön in Shakespeares „Hamlet“?

Conscience does make cowards of us all.
Das Gewissen macht alle zu Feiglingen.

Dabei ist doch allgemein bekannt:

A bold heart is half the battle.
Ein mutiges Herz ist der halbe Sieg.

Egal:

Win or lose, never regret.
Gewinn oder verlier – bereue nie.

Nun zu etwas ganz anderem: Der Schotte ist der Schwabe der Britischen Inseln. Nicht nur wegen des sprichwörtlichen Geizes. Denn rund um Glasgow sagt man:

Patience is a virtue.
Geduld ist eine Tugend.

Was so viel wie in Schwaben „Nur net hudeln“ heißt.
Wer es mit viel Geduld zu rechtschaffenem Wohlstand gebracht hat, kann sich glücklich schätzen. Er kriegt sie alle ‘rum:

First thrive and then wive.
Erst der Erfolg – dann die Frauen.

Wer allerdings keinen Millionär abbekommen hat, muss eben sparen. Logisch. Und in diesem Falle gilt:

Everything is of use for a good housekeeper.
Eine gute Hausfrau kann alles gebrauchen.

Schlussfolgerung: Hätten wir mehr gute Hausfrauen, gäbe es kein Müllproblem! Wobei dieses Problem übrigens nicht dadurch gelöst wird, dass Sie Ihren Abfall einfach in die Tonne Ihres Nachbarn werfen. Dann hätten Sie den nächsten Satz nämlich missverstanden:

We can live without our friends,
but not without our neigbours.
Wir können ohne Freunde leben,
aber nicht ohne unsere Nachbarn.

Wohl dem, dessen Nachbar nach 22 Uhr seine tägliche Trompeten-Übungsstunde einlegt. Das erkannte bereits im Jahr 1695 William Congreve:

Music has charms to soothe the savage breast.
Die Musik hat Zauberkräfte, mit denen sie
die wilde Brust besänftigt.
Aus „Love for love"

Dazu passend, der Spruch vor dem Schlafengehen:

Death alone can kill hope.
Nur der Tod kann die Hoffnung töten.
Alexander Pope, „An Essay on Man"

Na dann: Gute Nacht!

Shortcomings – Unzulänglichkeiten

Wut, Neid, Vorurteile: ein Kapitel über die Schattenseiten des menschlichen Daseins.

Anger is a short madness.
Wut ist ein kurzes Übel.

Dieses Kapitel widmen wir Samuel Taylor Coleridge (1772–1834). In seinem Gedicht „The ancient mariner" erzählt er von einem Seemann, der einen Albatros tötet, was dem ganzen Schiff Unglück bringt. Um ihn zu brandmarken, hängt man dem Matrosen den Albatros um den Hals, was zu dem schönen Bild führt:

To have an albatross round one's neck.
Ständig an frühere Fehler erinnert werden.

Und um diese Fehler geht es im folgenden Kapitel.
Wir hätten für dieses Motto natürlich auch William Shakespeare ins Feld führen können. Doch da der Goethe Englands dieses Buch sowieso mit seinen Weisheiten nahezu überflutet, kommt sein Zitat erst jetzt dran.
Es lautet:

Men's evil manners live in brass; their virtues we write in water.
Der Menschen Sünden leben fort in Erz;
ihr edles Wirken schreiben wir ins Wasser.
Aus „Heinrich VIII."

Nun, das edle Wirken fanden Sie im vorhergehenden Kapitel. Hier geht es um unseren inneren Schweinehund. Eine seiner Ursachen wird durch die folgende Weisheit erklärt:

Need makes greed.
Not macht habgierig.

Und der Teufelskreis geht weiter:

Covetousness is the root of all evil.
Habgier ist die Wurzel allen Übels.

Als alter Lateiner wissen Sie aber auch: Der Geiz ist die Wurzel allen Übels. Sagt jedenfalls Cato der Ältere. Das Zitat steht in „Latein für Angeber", einem ähnlichen Machwerk wie diesem, das es ebenfalls zu kaufen gibt. Jetzt zeigen Sie mal, dass Sie weder habgierig noch geizig sind, sondern gern ein paar arme Lohnschreiber unterstützen! Die Firma dankt.

Unser Lektorat allerdings ist der Ansicht:

When the belly is full,
the mind is among the maids.
Wenn der Bauch voll ist,
ist der Verstand bei den Mägden.

Doch dem halten wir entgegen:

A hungry man is an angry man.
Ein hungriger Mann ist ein zorniger Mann.

Das gilt natürlich auch für eine hungrige Frau!
Wenn Sie, lieber Leser, nur wüssten, wie es ist, wenn zwei hungrige Autoren an einem Buch sitzen! Denn Sie kennen ja den Satz:

It takes two to make a quarrel.
Zum Streiten gehören zwei.

Doch zu viele Details aus unserem Arbeitsleben schaden nur.

Intimacy lessens fame.
Vertraulichkeit schmälert den Ruhm.

Bleiben wir also lieber bei den Frauen:

A woman moved
is like a fountain troubled.
Eine aufgewühlte Frau
ist wie ein trüber Brunnen.

Hat William Shakespeare für „Der Widerspenstigen Zähmung" gedichtet. Was der Dichter wohl damit sagen wollte?
Weitaus eindeutiger drückt es der ermordete Beatle John Lennon aus:

Woman is the nigger of the world.
Die Frau ist der Nigger der Welt.

Er war bekanntlich ein berühmter Liverpooler. In jener Hafen– und Industriestadt mit großen sozialen Problemen hieß es bereits Ende des 19. Jahrhunderts:

Children are poor men's riches.
Kinder sind der Armen Reichtum.

Sie haben es längst gemerkt: Dies ist ein ganz böses Kapitel, in dem es vor Gemeinheiten nur so wimmelt. Natürlich sind speziell Sie, verehrte Leser, keinesfalls gemeint. Sie sollten es mit dem alten Kinderreim halten:

Sticks and stones may break my bones,
but words will never hurt me.
Stöcke und Steine können mir die Knochen zerbrechen,
aber Worte tun mir niemals weh.

Aus der Zeit, als die britische Krone in der Welt noch etwas zu sagen hatte, stammt das Hindi-Sprichwort:

Anger has no eyes.
Wut macht blind.

Es sind also nicht nur Grauer Star und Methylalkohol, die schuld daran sein können, dass die Sehkraft schwindet. Ob Hass, ob Wut, ob Liebe – sie führen uns zur Raserei:

It's about as broad as it's long.
Das ist gehupft wie gesprungen.

Ein Blödelreim kommt uns an dieser Stelle in den Sinn, der ungefähr so geht:

Laster sind in uns'rem Land
natürlich völlig unbekannt.
Nur Rache, Hochmut, Wut und Neid,
die kennt man hier seit kurzer Zeit.

In England kennt man dieses böse Quartett offensichtlich schon länger, wie die folgenden Sprichwörter belegen:

Revenge is sweet.
Rache ist süß.

Revenge never repairs an injury.
Rache heilt keine Wunden.

Soll heißen: Rache macht Kränkungen nicht ungeschehen. Aber man fühlt sich so herrlich erleichtert, wenn der abgeschlagene Kopf des Feindes – doch halt! Wir merken, dass unsere Meuchelphantasie mit uns durchgeht.
Aus der Bibel (Sprüche Salomos 16,18) stammt folgendes berühmte Sprichwort:

Pride goes before a fall.
Hochmut kommt vor dem Fall.

Anger punishes itself.

Wut bestraft sich selbst.

Da kommt einem doch das nette Wort in den Sinn: Die kleinen Sünden straft der liebe Gott sofort.
Kommen wir schließlich noch zum Neid, um die Runde abzuschließen. Der Vergleich zwischen miesen Charaktereigenschaften und Krankheit tritt im folgenden Satz zutage:

If envy were fever, all mankind would be ill.
Wäre Neid Fieber, dann wäre die ganze Menschheit krank.

Und das Tragische an der Sache ist:

Envy never dies.
Neid stirbt niemals.

Doch eines sollten sich Neidhammel merken:

Envy eats nothing but its own heart.
Neid frisst nur die eigene Seele auf.

Böse Menschen leiden oft, auch wenn sie es nicht zugeben, unter Angstzuständen. Zu Recht. Denn sie haben ja uns, den Guten, Unrecht angetan. Deshalb all jenen, die uns im Laufe unseres Lebens geärgert haben, die folgenden Worte ins Stammbuch:

Fear is stronger than love.
Angst ist stärker als die Liebe.

He is in cold sweat.
Er schwitzt Blut und Wasser.

He's scared stiff.
Er ist starr vor Schreck.

He has his heart in his boots.
Er hat das Herz in der Hose.

In England sogar noch etwas tiefer – nämlich in den Schuhen.

Fear is a great inventor.
Angst macht erfinderisch.

Und schließlich:

Who fears to suffer, suffers from fear.
Wer Angst hat zu leiden, leidet unter Angst.

Deshalb: Seien Sie tapfer, auch wenn Ihr Tag mit Ihrer Hinrichtung anfängt – wie etwa der eines gewissen Cawdor in Shakespears „Macbeth". Der erweist sich nämlich als ganzer Mann, während er seinem letzten Sekündlein ins Auge blickt:

Nothing in his life became him
like the leaving it.
Nichts stand in seinem Leben ihm so gut,
als wie er es verlassen hat.

Und damit kommen wir langsam zum Ende dieses Kapitels. Nicht ohne positiven Ausblick selbstverständlich – aus demselben Stück wie eben:

Come what come may,
time and the hour runs through the roughest day.
Komme, was kommen mag,
die Stunde rinnt auch durch den rau'sten Tag.

Schön gesagt, oder?

School – Schule

Die schönsten Sentenzen rund um Bildung, Ausbildung, Studium und Lehrer.

Better unborn than unbread.
Besser ungeboren als unerzogen.

Dieses Kapitel widmen wir Charles Darwin (1809–1882). Er war es, der das wegweisende Opus mit dem leicht zu merkenden Titel schrieb:

On the origin of species by means of natural selection or the preservation of favoured races in the ...
(bis dahin können wir es vergessen – aber jetzt kommt's)

... struggle for life.
... Kampf ums Dasein.

Nun, dann begeben wir uns doch einmal mitten hinein in diesen von Charles Darwin beschriebenen Kampf. Denn nichts anderes ist die Schule für die meisten Schüler. Das war so, das ist so, das wird immer so sein. Aber wir wollen nicht jammern:

A plague of sighing and grief!
Hol' die Pest Kummer und Seufzen!
Falstaff, in Shakespeares „Heinrich IV."

Denn eines müssen wir uns jederzeit vor Augen halten:

No man is born wise or learned.
Niemand wird weise oder klug geboren.

Darum heißt es, sich 'ranhalten:

What we first learn, we best can.
Was man früh lernt, kann man am besten.

Getreu dem Motto: Was Hänschen nicht lernt, lernt Hans nimmermehr.
Stellt sich die Frage nach dem Wie:

There is no royal road to learning.
Es gibt keinen königlichen Weg zum Lernziel.

Diese Antwort gab Euklid im Jahr 300 vor Christus dem Ptolomäus, als der ihn fragte, ob es einen leichteren Weg gäbe, die Geometrie zu begreifen. Der Meister meinte damit, lernen müssen alle auf die gleiche Weise – ob arm oder reich. Wie Recht er hatte!
Und hier bewährte Ratschläge des Pädagogenteams Drews/Lauer, wie der geneigte Schüler die besten Ergebnisse zeitigt:

Use is all.
Tun ist alles.

Practice makes perfect.
Übung macht den Meister.

By writing you learn to write.
Schreiben lernt man durch Schreiben.

Learn not and know not.
Lernst du nichts, weißt du nichts.

If at first you don't succeed,
try, try, try again!
Wenn du nicht beim ersten Mal Erfolg hast,
versuche es immer und immer wieder!

Haben Sie die Nase voll von unseren Weisheiten? Wir auch. Denn wir wissen so gut wie Sie: Es gibt nur eines, nämlich

learning by experience,
aus Erfahrung lernen,

denn:

Experience is the mother of wisdom.
Erfahrung ist die Mutter der Weisheit.

Und macht man mal eine schlechte Erfahrung – no problem!

Failure teaches success.
Versagen lehrt Erfolg.

Will heißen: Wir lernen aus unseren Fehlern.
Und nicht vergessen:

To err is human.
Irren ist menschlich.

Wie der Lateiner, aber auch der Engländer sagt ...
Schon Shakespeare, des Allwissende, bietet in seinem „Hamlet“ die Erkenntnis:

There are more things
in heaven and earth, Horatio,
than are dreamt of in your philosophy.
Es gibt mehr Ding'
im Himmel und auf Erden,
als eure Schulweisheit sich träumen lässt.

Ja, ja ...

Knowledge is power.
Wissen ist Macht.

So heißt es bei Francis Bacon.
In die gleiche Richtung geht:

Better known than trusted.
Wissen ist besser als glauben.

Aber Nichtwissen macht auch nichts. Das bestätigt uns Thomas Gray (1716–1771) in seiner 1747 verfassten „Ode on a distant Prospect of Eaton College“:

Where ignorance is bliss,
't is folly to be wise.
Wo Dummheit Seligkeit ist,
ist es Torheit, klug zu sein.

Oft wird dieser Satz verkürzt und zu:

Ignorance is bliss.
Unwissenheit ist ein Glück.

Kein Glück ist Unwissenheit in den Bereichen von Wissenschaft und Forschung – im Gegenteil:

Science has no enemy but ignorance.
Die Wissenschaft hat nur die Dummheit zum Feind.

Die wenigsten Nobelpreisträger werden sich daher vom folgenden Zitat angesprochen fühlen:

He thinks too much;
such men are dangerous.
Er denkt zu viel;
solche Leute sind gefährlich.
Shakespeare, „Julius Caesar“

Wobei sich gerade unter den Forschern die meisten Fachidioten tummeln sollen. Und für die gilt:

A little learning is a dangerous thing.
Halbwissen ist gefährlich.
Alexander Pope, „An Essay on Criticism“

Doch auch die klügsten Menschen haben irgendwo eine Schwachstelle, über die sich sagen lässt:

He doesn't know chalk from cheese.
Er hat keinen blassen Schimmer.
(Wörtlich: Er kann Kreide nicht von Käse unterscheiden.)

Die Ober-Meister des Wissens – das sind bekanntlich die Lehrer. Und über deren Tun gehen die Meinungen auseinander, auch in England. Beweise gefällig? Bitte sehr!

He who can, does.
He who cannot, teaches.
Wer etwas kann, tut es.
Wer nichts kann, schulmeistert.
George Bernard Shaw, „Man and superman"

Wollte er damit vielleicht an den schönen Satz anknüpfen: „Wer nichts wird, wird Wirt"? Und wer dann noch nichts wird, wird Lehrer? Doch wir sollten uns durchaus schützend vor den Lehrkörper stellen. Denn ohne ihn würden wir letztlich ganz schön alt aussehen:

In every art
it is good to have a master.
Es ist gut, für jede Kunst einen Meister zu haben.

He teaches ill, who teaches all.
Wer alles erklärt, ist ein schlechter Lehrer.

Das heißt, ein guter Lehrer lässt immer ein paar Fragen für seine Schüler offen.
Es soll aber auch Lehrer geben, die gar nicht in der Lage sind, einem etwas zu erklären. Ist der Lehrer dumm, bleibt es auch der Schüler:

An ill master, an ill scholar.
Ein schlechter Lehrer, ein schlechter Schüler.

Doch eine Hoffnung bleibt jedem, der die Penne besucht:

The scholar may waur the master.
Der Schüler kann seinen Lehrer überflügeln.

Um die Streber jedoch gleich wieder von ihrem hohen Ross herunterzuholen:

Every good scholar is not a good master.
Nicht jeder gute Schüler ist ein guter Lehrer.

Ob Schüler, ob Lehrer, ob Eltern. Klug daherreden genügt nicht:

Practise what you preach.
Handle nach dem, was du lehrst.

Wie schnell kann eine sensible Schülerseele falsch behandelt werden:

O what a noble mind is here o'erthrown!
O welch' ein edler Geist ist hier zerstört!
Ophelia in Shakespeares „Hamlet“

Der Grat zwischen Autorität und Respektlosigkeit ist schmal:

He that corrects not small faults,
will not control great ones.
Wer kleine Fehler durchgehen lässt,
hat die großen nicht mehr unter Kontrolle.

Daher wollen wir allen Paukern abschließend zwei gute Ratschläge mit auf den Weg geben.

He who can, does.
He who cannot, teaches.

Wer etwas kann, tut es.
Wer nichts kann, schulmeistert.

Erstens:

Rule youth well,
and age will rule itself.
Befiehl der Jugend,
dann befiehlt das Alter sich selbst.

Zweitens:

Ask no questions
and you'll be told no lies.
Stelle keine Fragen
und du bekommst keine Lügen erzählt.

Kommen wir nun zu einer Theorie, die sich mit dem Verhältnis zwischen ideellen und materiellen Dingen beschäftigt:

Better wit than wealth.
Lieber klug als reich.

Und was machen all wir armen Dummen? Nun kann nicht jeder Tellerwäscher zum Millionär werden. Für die meisten wird die Hoffnung auf die große Karriere niemals wahr:

Thy wish was father, Harry, to that thought.
Dein Wunsch war des Gedankens Vater, Heinrich.
Shakespeare, „Heinrich IV."

Zum Schluss des Kapitels – pädagogisch korrekt – noch eine Warnung an alle:

Sloth breeds a scab.
Faulheit macht Gauner.

Teenage-Slang – Teenager-Jargon

Wie sehr sich doch die Sprache ändert, wenn junge Menschen sich ihrer annehmen.

An dieser Stelle sei nicht verschwiegen, dass die englische Sprache steten Wandlungen unterworfen ist. Nicht nur, dass sie sich in den verschiedenen Ländern, in denen sie gesprochen wird, höchst unterschiedlich ausformt – nein, auch in ihrem Mutterland wird fleißig an ihr herumgedoktert. Vor allem Jugendliche haben wenig Respekt vor lingualen Traditionen und passen den Wortschatz ihren jeweiligen Bedürfnissen an.
In den Zeiten mobiler Kommunikation hat sich die Sprache in manchen Bereichen stark verändert. Vor allem auch die in Deutschland überaus beliebten SMS-Nachrichten auf den Handys – die in England übrigens keineswegs „Handys“ heißen, sondern „mobile phones“ oder abgekürzt auch einfach „mob phones“ (noch kürzer, aber nur bei Kindern üblich, ist „mobby“) – bringen eine Art Geheimsprache hervor. Ein Beispiel

NE1 4 fun?

bedeutet ausgeschrieben

Anyone (N + E + 1) for (4 = four) fun?
Jemand für einen Spaß zu haben?

Noch ein Beispiel, weil's so hübsch war.

I. O. U. bedeutet

I owe you.
Ich schulde dir.

Für das Verständnis der SMS-Sprache ist Folgendes unumgänglich: Die Zahl 4 (four) steht fast immer für „for" (wird ja auch fast identisch ausgesprochen, aber als Ziffer spart man glatt zwei Zeichen) und der Buchstabe „u" bedeutet als einzelnes Element stets „you".
Für Sprachpuristen sind solche Entwicklungen natürlich bedenklich, aber selbst der britische Prinzgemahl Philip belegte unlängst einen entsprechenden Sprachkurs, um die jungen Leute in seinem Land besser verstehen zu können. Sie sehen also – obwohl der Mann im

Buck house
Jugendsprache für Buckingham Palace

wohnt, ist er nicht versnobt, wenn es um Sprache geht.
Wenn der deutsche Jugendliche etwas unglaublich Großartiges oder Beeindruckendes beschreiben möchte, dann nennt er dies gerne „geil" oder neuerdings auch „voll krass". Für den englischen Jugendlichen ist es dann

off the hinges,

was man am ehesten mit „total abgefahren" übersetzen könnte, wobei die Herkunft des Ausdrucks schwer zu deuten ist, denn eigentlich bedeutet „hinge" lediglich Türangel. Vielleicht wäre die korrekte Übersetzung also „aus den Angeln gehoben".
Sehr respektlos gehen moderne englische Jugendliche auch mit Politikern um, die ihrer Meinung nach

talk out one' s ass
sprechen aus dem Hinterteil.

Dies bedeutet, dass sie nicht wirklich wissen, was sie sagen, aber dennoch einfach drauf los quasseln. Korrekt könnte man auch sagen:

Not really knowing what one's talking about, but talking about it anyway and trying to sound like one knows

exactly what one is talking about.
Man weiß eigentlich nicht, was man da redet, aber man redet trotzdem weiter und versucht so zu klingen, als wüsste man, worüber man spricht.

Wenn junge Menschen eine Party geben, dann steht auf der Einladung häufig die ominöse Abkürzung

ASAP, was *as soon as possible*
so bald wie möglich

bedeutet. Neuerdings verwendet man jedoch das noch hübschere

TSTQ, (the sooner the quicker)

was streng genommen zwar keinen Sinn ergibt (je balder, desto schneller), sich aber viel cooler anhört und dasselbe bedeutet. Ein sehr hübscher Ausdruck unter Teenagern, der schon in den 70er Jahren in Mode geriet, von Erwachsenen aber höflichkeitshalber nicht verwendet wird, ist

thingywhatsit

– ein Begriff, der gebraucht wird, wenn man sich ums Verrecken nicht mehr an den Namen einer Person oder einer Sache erinnern kann. Wir würden wohl am ehesten „der Dingsbums" oder auch das beliebte „du weißt schon was/wer" einsetzen.
Im Computer-Zeitalter sind Ausdrücke in Mode gekommen, mit denen Ü-30-Briten schon nichts mehr anfangen können. So nennt der junge Engländer den Programmierer gerne eine

mouse potato
Maus-Kartoffel

In Anlehnung an die wesentlich bekanntere Redewendung „couch potato" (Sofa-Kartoffel), mit der Menschen bezeichnet werden, die ständig auf dem Sofa vor dem Fernseher sitzen,

statt mit anderen zu kommunizieren. Die „mouse“ steht dabei natürlich für die „Computermaus“.
Sehr hübsch ist auch der Begriff

dot gone,

dessen wörtliche Übersetzung „Punkt gegangen“ wenig Er leuchtung bietet. Wenn man jedoch weiß, dass der Begriff „do com“ für die Endung einer Internet-Adresse steht, dann kapiert man das Lautmalerische an „dot gone“, das ein erfolg loses oder bankrottes Internet-Unternehmen bezeichnet.
Das genaue Gegenteil von erfolglos bezeichnet der Begriff

booty,

der sich wahrscheinlich von „boot“ (obendrein) ableitet und im Sprachgebrauch moderner junger Engländer für ein beson ders tolles, teuer aussehendes Etwas steht. Hier zu Lande würde der Teenager den betreffenden Gegenstand wohl als „edel“ bezeichnen.
Drogen sind natürlich auch in Großbritannien (leider) immer Thema unter Jugendlichen. Schön zu wissen ist es immerhin dass man sich auch in diesem eher heiklen Bereich einen gewissen Humor bewahrt und die gefährliche „Ecstasy Tablet te“, die als Aufputschmittel vor allem von Besuchern bestimm ter Tanztempel konsumiert wird, gerne als

disco biscuit

bezeichnet. Verharmlosend, aber wenigstens lustig. Dass die Jugendlichen mit dem Konsum dieses sehr speziellen Kekses

self-sabotage
Selbst-Sabotage

betreiben, wissen sie vermutlich, haben sie doch durch diesen Ausdruck den lange gewohnten Begriff „self destruction (Selbstzerstörung) ersetzt.

Not really knowing what one's talking about, but talking about it anyway and trying to sound like one knows exactly what one is talking about.

Man weiß eigentlich nicht, was man da redet, aber man redet trotzdem weiter und versucht so zu klingen, als wüsste man, worüber man spricht.

Für die kids aus der „upper class" (Oberschicht) sind Altersgenossen, die Drogen konsumieren und die angesprochene „self-sabotage" (Bindestrich ist wichtig) betreiben, einfach nur

chavs,

was sich nicht wörtlich übersetzen lässt, aber ein höchst verächtlicher Ausdruck für einen jungen „Proleten" aus der Unterschicht ist.
Schließlich und endlich fordern kids und „bohos" (Abkürzung für „bohemians" in der Bedeutung „die Unkonventionellen") aller Länder und Nationalitäten natürlich auch einen gewissen Respekt – von Erwachsenen, aber auch untereinander. Doch wo früher der gewohnte Begriff „respect" oder auch zuweilen das etwas konservativere „recognition" stand, da verwendet der moderne London-Boy heute den Begriff

Props.

Gotta give that girl props for her booty shirt.
It's totally off the hinges.
Ich muss dem Mädchen Respekt zollen für ihr edles T-Shirt.
Es ist total irre,

ist demzufolge ein hübscher Abschlusssatz für dieses Kapitel.

Common versus posh – gewöhnlich contra piekfein

Warum die englische Sprache so viel über die Herkunft verrät und warum sich ein Kontinentler mit der Frage nach dem stillen Örtchen verraten kann.

England – das stellte schon Oliver Twist fest – war und ist ein Land der Unterschiede. Nirgendwo sonst in Europa ist ein Bewusstsein für die Zugehörigkeit zu einer bestimmten „Klasse“ so sehr in den Köpfen der Menschen verankert wie in und um London, Birmingham, Brighton und Manchester – nirgendwo sonst sind auch die Trennungslinien sprachlich so eindeutig auszumachen.

Natürlich gibt es auch noch andere „Grenzen“ als diejenigen des Sprachgebrauchs zwischen „common“ (gewöhnlich) und „posh“ (fein). So gibt es eine zwar unsichtbare, aber recht markante Trennungslinie zwischen dem reichen Süden und dem deutlich weniger wohlhabenden Norden Englands, die

north-south-divide,

die zuweilen – politisch unkorrekt, aber durchaus zutreffend – auch als

poor-rich-divide

bezeichnet wird. Sprachlich äußert sich das in Feinheiten, die der Kontinentaleuropäer in der Regel nicht einmal wahrnimmt, vor allem, wenn sich der jeweilige Gesprächspartner bemüht, keinen Dialekt zu sprechen. Wenn ein Schotte zu Abend isst, dann nennt er dies einen

high tea

Wenn Nordengländer dies tun, dann

they have tea.

Wohlgemerkt: Mit wirklichem „Tee trinken“ muss dies alles nichts zu tun haben – hier geht's ums abendliche Mahl. Für den Südengländer hingegen ist „teatime“ immer noch der späte Nachmittag (gegen 16 Uhr), an dem man sich zusammensetzt und eine Tasse Earl Grey genießt.
Bleiben wir noch ein wenig beim Thema Essen, denn dabei wird sehr schön deutlich, wie sich der Sprachgebrauch verändert hat. Früher galt es als vornehm, das Abendessen als „supper“ zu bezeichnen – dies war der „genteel way“ (die vornehme, elegante Art) von etwas so Prosaischem wie der abendlichen Nahrungszufuhr zu sprechen, wobei „supper“ ursprünglich der leichte Snack war, den man vor dem Zubettgehen zu sich nahm. Mittlerweile jedoch erkennt man am Wörtchen „supper“ den Angehörigen der „working class“, denn die „besseren Kreise“ haben abends natürlich ein „dinner“. Warum sich dies geändert hat, ist schwer nachzuvollziehen – vielleicht liegt es am Bemühen der „working people“, die Gewohnheiten der oberen Zehntausend zu übernehmen, woraufhin diese ihre Gewohnheiten möglichst schnell ändern, um nicht in den Ruch des Gewöhnlichen zu kommen. Könnte sein, oder?
Also – noch mal im Klartext:

* supper: das Abendessen der „kleinen“ Leute
* dinner: das Abendessen der Oberschicht und das Mittagessen der kleinen Leute
* lunch: das Mittagessen der Oberschicht

Und falls Sie, geneigter Leser, jetzt noch nicht verwirrt genug sind, dürfen wir Ihnen auch noch anvertrauen, dass man abends gerne zu „dinner parties“ geht, bei denen zuweilen aber nicht einmal mehr gegessen wird.
Da wir die verschiedenen „Klassen“ jetzt schon mehrfach erwähnt haben, ist es vielleicht an der Zeit, auf eine weitere britische Besonderheit hinzuweisen: Es gibt – zumindest offiziell – gar keine Unterschicht!!!

Während man für die Reichen und den Adel den Begriff

upper class

benutzt, und von eher respektlosen Zeitgenossen für diese Schicht auch der eingangs erwähnte Begriff

posh
piekfein oder auch „die Feinen“

verwendet wird, wurde für die Mittelschicht der schöne Begriff

upper middle class

geprägt – die „obere mittlere Schicht“ also. Einen Begriff für „Unterschicht“ kennt der Brite hingegen nicht – wenn man jemanden als „middle class“ bezeichnet und dabei das vorangestellte „upper“ weg lässt, ist dies schon Abqualifizierung genug. Vor allem die gewerkschaftlich organisierten Arbeiter des 19. Jahrhunderts wollten sich diese subtile Form der Verachtung, die ja gleichzeitig ein Verleugnen ihrer wirklich schlechten sozialen Lage war (einem Angehörigen der „middle class“ kann es ja laut Definition des Wortes ‚middle' eigentlich nicht schlecht gehen), nicht gefallen lassen und schufen den Begriff der

working class.

Damit gelang zweierlei: Zum einen erinnerten die Arbeiter daran, dass es ihrer Hände Arbeit war, die den Luxus der Reichen erst ermöglichte – die „arbeitende Klasse“ hielt das Land am Laufen. Zum anderen jedoch drückte man einen gewissen Stolz aus – Stolz darauf, eine eigene Klasse darzustellen, die sich selbstbewusst von den anderen Kreisen unterschied und sich weder ihrer Herkunft noch ihrer Tätigkeit zu schämen braucht.
Wie bereits eingangs dieses Kapitels erwähnt, verlaufen die Trennungslinien zwischen den einzelnen Gruppen, Klassen und Schichten auch auf sprachlichem Gebiet. So sucht das

Mitglied der upper class das

lavatory oder auch das *lav*

auf, wenn es mal austreten muss, während Normalmenschen das

loo

besuchen. Höchst „middle class" und damit eigentlich verpönt ist der Begriff

toilet.

Wer seine Gastgeber im Verlauf einer Konversation in absolut lupenreinem und akzentfreien Englisch nach derselben fragt, hat sich blitzschnell als Ausländer geoutet – „toilet" ist absolut verpönt. Wer allerdings durch rüpelhaftes Benehmen auffallen will, der überspringt „toilet" und fragt gleich nach

bog.

Auch damit ist das stille Örtchen gemeint, doch eigentlich bezeichnet dieses Wort die „Latrine", und somit wird „bog" wirklich nur von höchst zweifelhaften Menschen mit einem höchst zweifelhaften Wortschatz verwendet.
Ein sehr hübsches Beispiel dafür, wie tief das Gefühl des „richtigen" Wortes für die „richtige" Klasse in Engländern verhaftet ist, ist die menschliche Anatomie. Kein Angehöriger der „middle class" – es sei denn, er wäre Arzt – käme auf die Idee die Brust einer Frau als

bosom

zu bezeichnen, was in der „upper class" und bei Älteren aber noch durchaus üblich ist. Der Mittelschichtler sagt stattdessen

boobs,

was heutzutage keinesfalls respektlos oder gar herabwürdigend ist, sondern der „common“ (gewöhnliche) Begriff für Brüste. Geht es allerdings in einem medizinischen Zusammenhang um die weibliche Brust, dann wird ausschließlich das ‚very respectable“ Wort

breast

verwendet, das wörtlich „Brust“ bedeutet, jedoch ausschließich dem weiblichen Körper zugeordnet werden kann. Der Mann hingegen verfügt über eine

chest,
männliche Brust, Oberkörper,

wenn der Bereich oberhalb des Bauches angesprochen weren soll.
Sehr nett ist auch die Vielzahl der Bezeichnungen, die für den ‚gluteus maximus“ – also für den Popo eines Menschen – verwendet werden. Kinder nennen ihr Hinterteil

bum,

Erwachsene aus der Mittelschicht sagen

bottom

und Jugendliche neigen zum groben „arse“ oder „ass“, das allerdings aus dem Amerikanischen übernommen wurde. Für die Angehörigen der „upper class“ hingegen existiert dieser Körperteil eigentlich gar nicht. Wenn sie aus irgendeinem Grund dazu gezwungen sind, darüber zu sprechen, dann verwenden die gerne den Begriff

behind,

was bekanntlich eigentlich „hinten“ bedeutet und als Beschreibung einer adeligen Sitzfläche reichen muss.

Ein paar Gegenüberstellungen – links die Sprache der „upper class“, rechts der Begriff , den die „Normalos“ verwenden:

to take a bath	*to have a bath:*	ein Bad nehmen
to eat greens	*to eat vegetables:*	Gemüse essen
horse riding	*riding:*	reiten
my home	*my house:*	Eigenheim
being wealthy	*being rich:*	reich sein
to have a sweet after the meal	*to eat a pudding:*	Nachtisch essen

Am Ende dieses Kapitels gilt es noch mit einer lieb gewordenen Legende aufzuräumen, die vor allem Englisch-Lehrer an deutschen Gymnasien immer noch mit Begeisterung verbreiten. Das so genannte „Oxford English“ – the dialect of English spoken at Oxford university – ist schon längst nicht mehr erstrebenswert, gilt selbst innerhalb der „upper class“ als

affected and pretentious,
affektiert und gekünstelt.

Der eine oder andere Oxford-Student wird den universitätstypischen Dialekt möglicherweise noch sprechen – sei's um die Tradition zu pflegen, sei's um den Erwartungen seines Großpapas zu entsprechen. Im Übrigen gilt für Oxford-Englisch dasselbe, was auch für das als „reinstes Englisch“ gepriesene Idiom gilt, das für den nationalen Rundfunksender BBC lange Zeit Pflicht war. Heutzutage sind Dialekte und Sprachfärbungen auch für BBC-Sprecher und Reporter etwas völlig Normales – der gekünstelte Singsang der glorreichen Empire-Nostalgie gehört endgültig der Vergangenheit an.

Love – Liebe

Jede Menge Sprüche zu einem unendlichen Thema.

True love never grows old.
Wahre Liebe rostet nicht.

Dieses Kapitel widmen wir Amoret – zu Deutsch: Liebeslied, Liebespfand. So lautet der Name einer Elfe, die alle liebt und von jedem geliebt wird. Sie kommt in Edmund Spensers berühmtem Epos „Faerie Queene" vor, die „Fünf Gesänge der Feenkönigin". Leider gibt es Feengesänge nicht auf Tonträger. Oder aus dem Internet. Auch nicht für Liebespaare.

Wir beginnen mit einem – unserer Meinung nach – großen Irrtum:

Love needs no teaching.
Liebe muss man nicht lernen.

Diese Ansicht könnte eine Erklärung dafür sein, dass Engländer in der internationalen Liebhaber-Hitparade nicht unbedingt zu den Top-Hits gehören.
Was selbst George Bernard Shaw ironisch einräumt:

An Englishman thinks he is moral
when he is only uncomfortable.
Ein Engländer hält sich schon für moralisch,
wenn er unpässlich ist.
Aus dem 1903 geschriebenen Stück „Man and Superman"

Für alle, die trotzdem wissen wollen, was unmoralisch ist, hier ein unbezahlbarer Tipp:

Wine and youth increase love.
Wein und Jugend steigern die Liebe.

Wenn Sie dieses Kapitel hinter sich gebracht haben, werden Sie merken:

The course of true love
never did run smooth.
Die Pfade der wahren Liebe
sind verschlungen.

Beziehungsweise:

One cannot love and be wise.
Man kann nicht gleichzeitig lieben und weise sein.

Denn es hat sich auch bis auf die Britischen Inseln herumgesprochen:

Affection blinds reason.
Liebe geht über Vernunft.

Natürlich gilt in Ergänzung zu diesem Thema auch in England die von kompetenten Augenärzten längst bestätigte Vermutung:

Love is blind.
Liebe macht (wörtlich: ist) blind.

Oder zumindest unkritisch. Denn:

Likeliness causes liking.
Ähnlichkeit macht Liebe.

Wer uns ähnlich sieht, mit dem haben wir bestenfalls Mitleid ... Nein – ganz im Ernst: Beide Autoren dieses wegweisenden Werkes sind:

A sight for sore eyes.
Ein Anblick für wunde Augen.

Eine Augenweide eben ...
Trotzdem gilt auch für uns:

Love me, love my dog.
Wer mich mag, muss auch meine Fehler mögen.

Um diese Fehler vergessen zu können, hilft vielleicht der folgende Ratschlag:

Absence makes the heart grow fonder.
Trennung verklärt die Liebe.

Wie heißt es dazu so schön im Deutschen: Die Liebe wächst mit der Entfernung. Doch auch hier muss man mit Problemen rechnen:

Follow love and it will flee thee;
flee love and it will follow thee.
Lauf der Liebe nach, und sie flieht vor dir;
flieh vor der Liebe, und sie läuft dir nach.

Die Praxis lehrt also: Es sind (fast) immer die Falschen, denen man nachläuft beziehungsweise die einem nachlaufen. Ein Grund dafür, dass es so viele unglückliche Ehen gibt? Deshalb immer daran denken:

Short pleasure, long repentance.
Kurz das Vergnügen, lang die Reue.

Oder:

Love of lads and fire of chats
is soon and soon out.
Junge Liebe und Reisigfeuer
sind schnell entflammt und ausgebrannt.

Oder:

Soon hot, soon cold.
Schnell entflammt, schnell abgekühlt.

Oder:

Hot love, hasty vengeance.
Heiße Liebe, schnelle Rache.

Und für die Masochisten unter uns:

Love is a sweet torment.
Liebe ist eine süße Qual.

Nicht selten ist schuld daran:

the green-eyed monster,
das grünäugige Ungeheuer.

Bei diesem gar nicht so seltenen Exemplar handelt es sich um die Eifersucht. Schöpfer dieses Bildes ist einmal mehr Shakespeare, der es in „Othello" verwendet hat.
Aus der Welt des Praktikers stammt folgender Spruch:

It's easy to get love.
It's easy to lose love.
But it's hard to forget love.
Es ist leicht, sich zu verlieben.
Es ist leicht, Liebe zu verlieren.
Aber es ist schwer, Liebe zu vergessen.

Trotzdem gilt:

All is fair in love and war.
In der Liebe und im Krieg ist alles erlaubt.

Noch so eine Weisheit:

Love is blind.

Liebe macht blind.

Love and cough cannot be hid.
Liebe und Husten lassen sich nicht verbergen.

Gefährlich ist es nur, wenn die Angelegenheit chronisch wird ...

Lucky at cards,
unlucky in love.
Glück im Spiel,
Pech in der Liebe.

Dabei soll es doch tatsächlich welche geben, die beim Pokern ihre Frau verloren haben. Die Frage bleibt: Gilt in diesem Fall die Umkehrung, nämlich „Pech im Spiel, Glück in der Liebe"? Übrigens:

The last suitor wins the maid.
Der letzte Freier kriegt die Magd.

„Gorbi" hatte vermutlich diesen Satz im Sinn, als er meinte: „Wer zu spät kommt, den bestraft das Leben."
Schon Goethe hat in „Faust" Gretchen ins Stammbuch geschrieben:

Was hilft dir Schönheit, junges Blut?
Das ist wohl alles schön und gut,
allein man lässt's auch alles sein;
man lobt euch halb mit Erbarmen.
Nach Golde drängt,
am Golde hängt
doch alles. Ach wir Armen!

Und in einem alten Schlager (Coverversionen gibt es von Cher und von Joe Dolce, für Pop-Fans!) heißt es dazu:

If you wanna be happy for the rest of your life,
never make a pretty woman your wife!
Wenn du für den Rest deines Lebens glücklich sein willst,
heirate nie eine schöne Frau.

Und weiter:

My personal advice for you:
Take an ugly girl to marry you!
Mein persönlicher Rat an dich:
Nimm für die Ehe ein hässliches Mädchen!

Ob schön, ob hässlich – an die Herren der Schöpfung ergeht die folgende Warnung:

Hell hath no fury
like a woman scorned.
Die Hölle kennt nicht so viel Wut
wie ein verschmähtes Weib.

Erkannte bereits im Jahre 1697 William Congreve in seiner Tragödie „The mourning bride".
Sehen wir uns nun einmal Männlein und Weiblein im Besonderen an:

All women become like their mothers. That ist their tragedy.
No man does. That's his.
Alle Frauen werden wie ihre Mütter. Das ist ihre Tragödie.
Männer werden nie so. Das ist die ihre.

So schreibt Oscar Wilde in seinem Stück „The importance of being earnest" (Bunbury oder: Ernst sein ist alles).
Und zu Hause hat der arme Kerl dann einen:

Bluestocking,
Blaustrumpf.

Das ist inzwischen ein eher antiquierter Name für Emanzen. Früher nannte man so – übrigens durchaus hochachtungsvoll – diejenigen Leute (und zwar beiderlei Geschlechts!), die sich zum Zweck geistreicher Unterhaltung beim five o'clock tea trafen.
Kommen wir zum Gegenteil. Zum Gegenteil von Emanzen, wohlgemerkt!

Frailty, thy name is woman!
Schwachheit, dein Nam' ist Weib!

Heißt es in Shakespeares „Hamlet". Sicher eine höchst diskussionswürdige Aussage. Als männliches Doppel enthält sich das Autorenteam jeden Kommentars. Genau wie bei der folgenden Aussage – übrigens bekanntermaßen aus demselben Stück. So respektvoll spricht Hamlet über seinen ermordeten Vater:

He was a man, take him for all in all,
I shall not look upon his like again.
Er war ein Mann, nehmt alles nur in allem,
ich werde nimmer seinesgleichen seh'n.

Ein braver Mann ist – und das nicht nur auf den Britischen Inseln – ein häuslicher Typ. Daher steht fest:

My house is my castle.
Mein Haus ist meine Burg.

Hierbei handelt es sich um die verkürzte Form eines Rechtsspruchs von Sir E. Coke (1551–1633).
Ob Männlein oder Weiblein – irgendwie finden sie sich doch. Und dann hat jeder von ihnen:

my better half,
meine bessere Hälfte.

Ein Bild, das zurückgeht auf Plato und später auf Sir Philip Sidney, der im 16. Jahrhundert lebte. Irgendein anderer kluger Mensch behauptete daraufhin, es gebe eine bessere und eine stärkere Hälfte. Wir überlassen es Ihrer Fantasie, wer in Ihrer Beziehung welchen Teil einnimmt.

Von der Liebe im Allgemeinen zu der „wahren" Liebe, die sich ja erst in der Ehe so richtig entfaltet. Die berühmten letzten Worte vor dem Gang zum Traualtar, gesprochen vom Freundeskreis des Bräutigams:

Another good man gone!
Wieder ein guter Mann weniger!

Man kann nicht genug vor den Gefahren der Ehe warnen:

Marry in haste, and repent at leisure!
Heirate in Eile, bereue mit Muße!

Another good man gone!

Wieder ein guter Mann weniger!

Aber die Dummen sterben bekanntlich niemals aus, obgleich nicht nur in England allgemein bekannt ist:

Marriage is a lottery.
Die Ehe ist eine Lotterie.

Und nicht wenige ziehen dabei eine Niete ...
Apropos Missgriff: Hierzu passt:

shot-gun wedding,
„Muss"-Ehe.

„Shot-gun" ist das englische Wort für Schrotflinte. Die Assoziation überlassen wir getrost unseren Lesern.
Wie Recht der berühmte Gallier Asterix hatte, als er sagte: „Die spinnen, die Briten!", beweisen auch die beiden abschließenden Sprichwörter zum Thema „Ehe und Liebe". Sie widersprechen nämlich einander total, lehren aber auch, dass es in Sachen Liebe eben keine Gesetzmäßigkeiten zu geben scheint. So kommen wir also zu dem Schluss: Zitate über Liebe haben ungefähr die Aussagekraft eines Horoskops.
Da wäre zunächst die – wohl aus der Hoffnung geborene – Erkenntnis:

Marry first,
love will follow.
Heirate erst,
die Liebe kommt später.

Dem gegenüber steht die – wohl aus der Erfahrung geborene – Theorie:

Marriage is the tomb of love.
Die Ehe ist das Grab der Liebe.

Womit auch wir dieses Kapitel „beerdigen" wollen.

Property – Besitz

Ein Kapitel über Geld, Reichtum, Banken, Börsen, Korruption und alles, was dazu gehört.

A golden key opens every door.
Ein goldener Schlüssel öffnet jede Tür.

Dieses Kapitel widmen wir – endlich – William Shakespeare. Und zwar einzig und allein wegen der uns allen tief bewegenden Aufforderung aus seinem Stück „Othello“:

Put money in thy purse!
Tu' Geld in deinen Beutel!

Sollte Othellos frommer Wunsch tatsächlich Wirklichkeit werden, steht der nächste Schritt ebenfalls fest:

What you have, hold.
Halt fest, was du hast.

Denn diese Erfahrung haben wir sicher alle schon gemacht:

Money makes the world go round.
Geld regiert die Welt.

Auch, wenn es banal klingt:

Have is have.
Haben ist haben.

Darum gilt es, nicht zu lange zu überlegen, sondern zu handeln. In seinem großen Monolog lässt Shakespeare Hamlet sagen:

And thus the native hue of resolution
is sicklied o'er with the pale cast of thought.
Der angebor'nen Farbe der Entschließung
wird des Gedanken Blässe angekränkelt.

Was nichts anderes heißt: Wer zu viel grübelt, hat schließlich das Nachsehen.
Briten sind Realisten. Auch, wenn es um klingende Münze geht. Lebt denn nicht auf diesem Eiland ein kleines Völkchen das für seinen Geiz nahezu berühmt ist?

Better to have than wish.
Besser haben als wünschen.

Genau das ist die Devise, nicht nur in Schottland!
Wer jemandem die Zeit stiehlt, wird im Geschäftsleben häufig mit dem Satz abgespeist:

Don't call us, we'll call you.
Wir rufen zurück.

Ein Rückruf, auf den Sie meist lange warten können und den nichts weiter darstellt als eine verschlüsselte Absage. Kommen wir zu der Frage, wie man es am ehesten schafft, ein kleiner Rockefeller zu werden. Der amerikanische Weg vom Tellerwäscher zum Millionär heißt auf Englisch:

from rags to riches,
von Lumpen zu Reichtümern.

Die Wege zu diesem Ziele sind sattsam bekannt:

The best fish swim near the bottom.
Die besten Fische schwimmen am Grund.

Was nichts anderes heißt als: Man muss hart arbeiten, um reich zu werden. Ein anderer Rat lautet:

Grain by grain,
and the hen fills her belly.
Korn für Korn
füllt die Henne ihren Bauch.

Will sagen: Auch durch Ausdauer und Sparsamkeit kann man reich werden.

Im guten alten „Hamlet“ gibt im dritten Aufzug des ersten Aktes Polonius seinem Sohn Laertes den folgenden Rat:

Neither a borrower nor a lender be.
Sei weder Borger noch Verleiher.

Die Leasingfirmen werden es nicht sonderlich gern hören, aber der gesunde Menschenverstand befiehlt sicher nicht zu Unrecht:

Better buy than borrow.
Besser kaufen als borgen.

Wenn Sie mit Ihrem Geld richtig umgehen, können Sie eines Tages mit einem Blick auf Ihren Kontostand ein weiteres „Hamlet“-Zitat anwenden:

I scent the morning air!
Ich witt're Morgenluft!

Und bald haben Sie dann:

pots of money,
Geld wie Heu.

Doch Geld sollte nicht nur Selbstzweck sein. Schließlich nutzt es einem wenig, wenn man eines schönen Tages seinen Sarg mit 500-Euro-Scheinen tapeziert bekommt. Daher ein Rat fürs Diesseits:

Goods are theirs that enjoy them.
Besitz gehört dem, der sich daran erfreut.

Noch schöner ist es natürlich, wenn man nicht die ganze Kohle für sich allein behält:

I help a lame dog over a tile.
Ich helfe einem lahmen Hund über die Steige.

Im übertragenen Sinn: Ich helfe jemandem, der in Not ist. Wer einen so edlen Charakter hat, aber selbst kein Geld auf der Bank, der musste den folgenden Satz schon oft am eigenen Leibe erfahren:

It is not what is he, but what has he.
Es heißt nicht: was ist er, sondern: was hat er.

Um dies zu ändern, greifen viele zum folgenden Mittel – etwa mit Hilfe ihrer Freunde Klemm und Klau:

He lines his pockets.
Er füllt sich die Taschen.

Wobei „to line" mit füttern im Sinn von auswattieren übersetzt wird. Oder haben Sie etwa schon wieder ans Essen gedacht, wohl wissend, was so mancher Lebemann auf seine Fahnen geheftet hat:

A heavy purse makes a light heart.
Eine volle Börse macht ein leichtes Herz.

Aus der Zeitung erfahren wir dann jedoch vom Niedergang so mancher Möchtegerns:

Easy come, easy go.
Wie gewonnen, so zerronnen.

Was vielleicht an folgendem Umstand lag:

He put all his eggs in one basket.
Er setzt alles auf eine Karte.

Doch unser Mitleid hält sich in Grenzen:

Easy come, easy go.

Wie gewonnen, so zerronnen.

He that plays his money, ought not to value it.
Wer mit seinem Geld spielt, der weiß es nicht zu würdigen.

Oder, um eine alte Oxforder Wirtschaftsweisheit zu zitieren:

Who spends before he thrives,
will beg before he thinks.
Wer ausgibt, bevor sein Geschäft floriert,
wird betteln, ehe er's denkt.

Auch in England kennt man den Satz:

A friend in need is a friend indeed.
Ein Freund in der Not ist ein wirklicher Freund
oder, um ein deutsches Sprichwort entgegenzusetzen:
Freunde in der Not gehen hundert auf ein Lot.

In Shakespeares „Sturm" heißt es hierzu:

Misery acquaints a man with strange bedfellows.
Die Not bringt einen zu seltsamen Schlafgesellen.

Und bei denen lässt sich leicht die reine Lehre vertreten:

What's yours is mine,
and what's mine is yours.
Was dein ist, ist auch mein,
und was mein ist, ist auch dein.

Im Sozialismus wurde dieser Spruch unter der Hand folgendermaßen abgewandelt: Was dein ist, ist mein. Und was mein ist, geht dich einen feuchten Kehricht an.
Deswegen halten wir es lieber mit dem kapitalistischen Lehrsatz:

Every man should take his own.
Jeder nehme das Seine.

Politics – Politik

Alles über Verantwortung, Loyalität, Versprechungen, Maggie Thatcher und – in England unumgänglich – den Adel.

He that promises too much, means nothing.
Wer zu viel verspricht, hält nichts.

Dieses Kapitel widmen wir Austen Henry Layard, Politiker und Archäologe (1817–1894). Er sagte im Jahre 1855 in einer Unterhausrede:

The right man in the right place.
Der rechte Mann an der rechten Stelle.

Wir wollen Ihnen zwar keine Wahlempfehlung geben, doch als Menschen, die stets um Ausgleich bedacht sind, halten wir es mit der schönen demokratischen Weisheit:

Virtue is found in the middle.
Die Tugend liegt in der Mitte.

Diese Mitte beansprucht heute beinahe jede Partei für sich. Aus gutem Grund – die Geschichte hat stets gelehrt:

Every extremity is a fault.
Jedes Extrem ist ein Fehler.

Was für unser Land noch um einiges mehr gilt als für Großbritannien. Doch in einer Zeit wie der unseren sollte sich jeder Politiker bewusst sein:

As you sow, so you reap.
Was du säst, wirst du ernten.

An die Wähler gerichtet:

As you make your bed, you must lie.
Wie man sich bettet, so liegt man.

Dabei ist es gar nicht so einfach, zwischen vielen (politischen) Übeln das geringste zu wählen:

Put the saddle on the right horse.
Setz auf das richtige Pferd.

Das Gegenteil davon lautet:

to back the wrong horse,
aufs falsche Pferd setzen.

Auf eben diese falsche Pferd hatten im Jahr 1979 all diejenigen gesetzt, die Margaret Thatcher zur ersten Premierministerin Großbritanniens gewählt hatten und dabei glaubten, die Dame sei nur eine Zwischenlösung und werde bald wieder verschwinden. Von wegen: Dreimal wurde die „Iron Lady" (Eiserne Lady) im Amt bestätigt, ehe sie 1990 zugunsten ihres Stellvertreters John Major zurücktrat. Thatchers Politik hinterlässt so nachhaltige Spuren, dass für sie sogar ein eigener Name erfunden wird:

Thatcherism,
Thatcherismus.

Wenn Sie auf dinner parties ein bisschen auftrumpfen wollen, dann sollten Sie die folgende Kurzbeschreibung dieser Politik stets greifbar haben:

Thatcherism is a reliance on the working of the free market,
reduction of income taxation and public spending,
privatisation of previously nationalised industries,
emphasis on individual responsibility and enterprise in reaction
to the collectivism and corporation of previous decades.

Und hier die Übersetzung:

Thatcherismus ist das Vertrauen in die Mechanismen des freien Wettbewerbs, eine Reduzierung der Einkommenssteuern und der öffentlichen Ausgaben, die Privatisierung von zuvor staatlichen Unternehmen, die Betonung der Einzelverantwortung und des Unternehmergeistes als Reaktion auf die unbewegliche zentrale Wirtschaftsplanung vergangener Jahrzehnte.

So weit, so gut: Was sich hier sehr positiv liest veränderte das Gesicht und vor allem das soziale Gefüge in Großbritannien nachhaltig. Die Kluft („the gap“) zwischen Arm und Reich wurde durch die Kürzung staatlicher Sozialhilfeausgaben immer größer. Während die Reichen immer reicher wurden – vor allem, weil die Einkommenssteuer so sehr abgesenkt worden war –, wurden die Armen immer ärmer: Der Wohlfahrtsstaat hatte sich klammheimlich verabschiedet. Immerhin: Die Wirtschaft brummte und von den Strukturen, die Thatcher geschaffen hatte, profitieren ihre Nachfolger bis zum heutigen Tag.

Man muss Maggie Thatcher auch zugute halten, dass sie in ihrer Rücksichtslosigkeit stets konsequent war und niemals leere Versprechungen machte. Und dies bringt uns zur Feststellung, dass man Wahlversprechungen aller Art gegenüber höchst skeptisch sein sollte:

Wise distrust is the parent of security.
Gesundes Misstrauen ist der Vater der Sicherheit.

Wähl' ich schwarz oder wähl' ich rot – das ist hier die Frage?

No man can serve two masters.
Niemand kann zwei Herren dienen.

Wenn das Staatsschiff ins Schlingern gerät, will es natürlich keiner gewesen sein:

Every one puts the fault on the time.
Jeder gibt der Zeit die Schuld.

Sie meinen, das sei erst in unseren Tagen so? Irrtum! Schon ir Shakespeares „Hamlet“ heißt es:

The time is out of joint.
Die Zeit ist aus den Fugen.

Diese Feststellung ist immerhin rund 400 Jahre alt. Aber sie is heute noch genauso gültig:

Words bind men.
Worte sind verbindlich.

Leider ist dies nicht mit allen politischen Aussagen so. Unsere persönliche Erfahrung auf diesem Gebiet:

Words are but wind.
Worte sind Schall und Rauch.

Manchmal hat man den Eindruck, das folgende Bild sitze bom benfest in den Köpfen unserer Parlamentarier:

Promises are like pie-crust
– made to be broken.
Versprechen sind wie Pasteten-Kruste
– gemacht, um sie zu brechen.

Wie heißt es so schön:

Politics spoil the character.
Politik verdirbt den Charakter.

Dieses Zitat haben die Briten übrigens von einem Deutscher übernommen: Bernhard Brigl heißt der gute Mann, über der es außer besagtem Satz aus dem Jahr 1881 allerdings sons wenig Berichtenswertes gibt.

Die Erfahrung eines seefahrenden Volkes kommt bei der folgenden Aussage zum Tragen:

Politics are a net:
the more we stir in it,
the more we are entangled.
Politik ist wie ein Netz:
Je mehr wir uns darin bewegen,
umso mehr verstricken wir uns.

Keine Frage, dass sich in diesem Netz jede Menge Haifische befinden. Dass es in unseren Parlamenten trotzdem relativ unblutig zugeht, könnte an der folgenden Tatsache liegen:

Hawks will not pick out hawk's eye.
Eine Krähe hackt der anderen kein Auge aus.

Deshalb gibt es auch bei den peinlichsten Rücktritten oder sonstigen Vorkommnissen fast immer eine Ehrenerklärung wie diese:

For Brutus is an honourable man,
so are they all, all honourable men.
Denn Brutus ist ein ehrenwerter Mann,
das sind sie alle, alle ehrenwert.
Marcus Antonius in Shakespeares „Julius Caesar"

Der Grund für solche Ehrenrettungen ist leicht ersichtlich:

It is an ill bird that fouls its own nest.
Nur ein schlechter Vogel beschmutzt sein eigenes Nest.

Aber wehe, es geht gegen konkurrierende Parteien:

Words cut more than swords.
Worte schneiden schärfer als Schwerter.

Kommen wir nun zu einem spezifisch englischen „Politikproblem“: dem Königshaus. Auch auf dem europäischen Kontinent ist es ein Leichtes, zu verfolgen, was im Buckingham Palace so alles vor sich geht – wofür haben wir unsere geliebte Regenbogenpresse? Und was erfahren wir da Woche für Woche?

At court, every one for himself.
Am Hof denkt jeder an sich selbst.

Ob wir da den Engländern nicht Unrecht tun?

Like King, like people.
Wie der König, so das Volk.

Was natürlich auch für die Queen gilt. Uns persönlich ist die Dame vielleicht eine Spur zu sauertöpfisch. Aber was wissen wir schon von deren Sorgen?

Uneasy lies the head that wears a crown.
Ein gekröntes Haupt ruht schwer.
William Shakespeare, „Heinrich IV.“

Wir meinen, so eng sieht man es heute selbst auf der Insel nicht mehr:

The king can do no wrong.
Der König macht keine Fehler.

Und auch diese Zeiten sind längst vorbei:

He whom the prince hates, is as good as dead.
Wer den König hasst, der ist so gut wie tot.

Zum Glück hat man in England die Todesstrafe inzwischen abgeschafft!

Nearest the king, nearest the widdie.
Je näher dem König, umso näher dem Galgen.

Words cut more than swords.

Worte schneiden schärfer als Schwerter.

Umgekehrt hat man im Hause Windsor von den Untertanen heute ebenfalls kaum etwas zu befürchten – mal abgesehen von den spitzen Federn der Journalisten.

The subject's love is the king's lifeguard.
Die Liebe des Volkes ist der Leibwächter des Königs.

Für die Monarchisten steht nach wie vor fest:

Ay, every inch a king!
Ja, jeder Zoll ein König!
Shakespeare, „König Lear"

Politik hat allerdings bei Hofe längst nicht mehr den Stellenwert wie früher. Der Chef sitzt in der Downing Street.

He pulls the strings.
Er hat die Fäden in der Hand.

Und auch hier lässt sich behaupten, dass das schwache Geschlecht über viele Jahre das stärkere war – jedenfalls wenn man sich die derzeitige britische Regierung ansieht.
Dabei liegt auf den Regierenden der Insel eine starke moralische Last:

England expects that every man will do his duty.
England erwartet, dass jeder Mann seine Pflicht tun wird.

So lautete der Tagesbefehl von Lord Nelson in der Schlacht bei Trafalgar am 21. Oktober 1805. Die Erwartung wurde erfüllt: Napoleons französisch-spanische Flotte erlitt eine entscheidende Niederlage. Leider überlebte auch Lord Nelson diesen Tag nicht. Er sprach seinen Satz im Übrigen zu einer Zeit aus, als das folgende jüdische Sprichwort hoch im Kurs stand:

Soldiers fight, and kings are heroes.
Soldaten kämpfen, und Könige sind die Helden.

Damals hieß es auch noch:

War is the sport of kings.
Krieg ist der Sport der Könige.

Das Volk diente lediglich als

food for powder,
Futter für Pulver (im Sinne von Kanonenfutter).
Falstaff in Shakespeares „Heinrich IV."

Was in vielen Ländern auch heute noch so ist – leider auch in so genannten „zivilisierten" Staaten. Wer keine Lust hat, als Kanonenfutter zu dienen, für den bleibt oft nur die Flucht ins Ausland, was von den Zurückgebliebenen (man beachte den doppelten Wortsinn!) zynisch kommentiert wird:

Rats desert a sinking ship.
Ratten verlassen das sinkende Schiff.

Who ist who?

Um in der Welt des Adels mitreden zu können, sollten Sie wissen, welcher englische Adelstitel welchem deutschen Titel entspricht.

Deutsch	*Englisch*
Freifrau	*baroness*
Freiherr	*baron*
Fürst	*prince*
Fürstin	*princess*
Graf	*earl*
Gräfin	*countess*
Herzog	*duke*
Herzogin	*duchess*
Kaiser	*emperor*
Kaiserin	*empress*
König	*king*
Königin	*queen*
Markgraf	*marquess*
Markgräfin	*marchioness*
Ritter	*knight*
Vizegraf	*viscount*
Vizegräfin	*viscountess*

Authorities – Behörden

In diesem Kapitel wiehert der Amtsschimmel.

Out of office – out of danger.
Nicht im Amt – nicht in Gefahr.

Dieses Kapitel widmen wir dem amerikanischen Marineoffizier Steven Decatur (1779–1820). Anlässlich eines Silvesterempfangs in Norfolk, dem Hauptquartier der amerikanischen Atlantikflotte, brachte er im Jahre 1812 den sprichwörtlich gewordenen Toast auf sein Heimatland aus:

Right or wrong, my country!
Recht oder Unrecht, es ist mein Vaterland!

Zwischen dem Vaterland eines Engländers und anderen Vaterländern gibt es im Übrigen einige Unterschiede, die sofort ins Auge springen – der populärste ist der Linksverkehr.
Warum, bitte schön, fahren Briten auf der falschen Straßenseite? Diese Frage haben sich schon Millionen und Abermillionen Menschen gestellt, die mit Fähre und eigenem Pkw in Großbritannien gelandet sind – aber auch Briten, die versuchten, mit dem eigenen Auto den Kontinent zu erkunden. Die Erklärung ist ebenso simpel wie – aus heutiger Sicht – absurd und liegt in den finsteren Untiefen des Mittelalters verborgen.
Seinerzeit, die englischen Wälder waren vor allem um Nottingham (bitte beachten Sie die literarische Anspielung) extrem dicht und dunkel, war die Spezies des gemeinen Straßenräubers weit verbreitet. Wollte man also mit dem Fuhrwerk auf einem der wenigen Wege, die durch einen der vielen Wälder führten, fahren, so hatte der fahrende Händler die rechte Hand am Dolch oder gar am Schwert, um sich im Notfall angemessen gegen jeden Entgegenkommenden verteidigen zu können. Man fuhr oder ritt also links, um dem Opponenten den rechten

Schwertarm zuwenden zu können. Diese Sitte hielt sich bis in die Neuzeit und wurde auch im automobilen Zeitalter nicht hinterfragt oder gar geändert. So hieß es früher auch stets

left hand side,
die linke-Hand-Seite,

wenn man von links sprach und entsprechend natürlich

right hand side,

wenn die andere Seite gemeint war. Die Verkürzungen „left" und „right" haben sich erst Mitte des 19. Jahrhunderts eingebürgert und werden von der Oberschicht noch immer kaum verwendet.
Bleiben wir noch einen Moment beim Thema „Verkehr": Zwar gibt es in England mittlerweile auch Fahrschulen, doch noch immer erlaubt die Obrigkeit den

learner driver,

den privaten Fahrschüler also. Dieser muss 17 Lebensjahre vollendet haben und einen geduldigen Menschen auf dem Beifahrersitz vorweisen. Dieser Beifahrer muss im Besitz einer ordentlichen

driver's license (oder auch driving license)
Führerschein

sein. Bis vor einigen Jahren genügte es, wenn man dann einem Vertreter der Führerscheinbehörde erklärte, man sei bereits soundso viele Stunden unfallfrei gefahren, und der Beifahrer bestätigte dies. Dann erhielt man den Führerschein. Als sich diese Praxis in den Zeiten zunehmender Verkehrsdichte als immer problematischer erwies, wurden eine schriftliche und eine praktische Prüfung eingeführt. Der Unterschied zum übrigen Europa: Man kann so viele Fahrstunden nehmen wie man will, so oft durch die Prüfung fallen, wie man möchte, und nach-

weislich denkbar ungeeignet für einen Führerschein sein – als „learner driver“ darf man unter den oben genannten Voraussetzungen die Straßen weiterhin unsicher machen, solange man dies will.
Lassen Sie uns unserem Vaterland und seinen Staatsdienern zuprosten. Wenn wir auch zugeben müssen, dass beide vom normalen Bürger meist mit einer gewissen Skepsis beäugt werden. Denn für den Mann – und die Frau – auf der Straße heißt es im Hinblick auf Recht und Unrecht:

He always gets in trouble with authority.
Er hat immer Probleme mit den Behörden.

Was wohl auch an dem Eindruck liegt, den unsereins beim Besuch eines Amtes macht:

All chiefs and no red indians.
Lauter Häuptlinge und keine Indianer.

Hinzu kommt, dass diesen Häuptlingen häufig die Denkweise zu Eigen ist:

We who holds the thread holds the ball.
Wer die Fäden in der Hand hält, ist am Ball.

Dieses Machtbewusstsein führt bisweilen zu Nachlässigkeit im Dienst. Wäre das nicht ein typischer Dialog zweier Beamter:

I would it were bedtime, Hal, and all well.
Ich wollte, es wäre Schlafenszeit, Heinz, und alles gut.

Der Experte weiß, dass dies natürlich in Wirklichkeit ein Ausspruch Falstaffs aus Shakespeares „Heinrich IV.“ ist.
Ebenfalls vom Meister aus Stratford-on-Avon, und zwar aus „Hamlet“, stammt die Frage:

Use every man after his desert,
and who should 'scape whipping?

Behandelt jeden Menschen nach seinem Verdienst,
und wer ist vor Schlägen sicher?

Als fantasiebegabter Leser unserer Tage können Sie die Schläge etwa durch Worte wie Steuernachzahlungen, Strafzettel oder Betriebsprüfung ersetzen. All die hübschen „blauen Briefe" eben, die einem das Leben um so vieles angenehmer machen. Wir vermuten, dass dies auf der ganzen Welt ähnlich ist, auch wenn sich nicht bestreiten lässt:

Every land has its own law.
Jedes Land hat seine eigenen Gesetze.

Sehr britisch war bis zum 24. November 2005 auch das britische Gesetz zur Sperrstunde. Jede Bar, jedes Restaurant, jeder Pub – sie alle mussten um 23 Uhr den Ausschank von Alkohol beenden. Inoffiziell war es zwar erlaubt, dass die Gäste ihr jeweiliges Bier noch zu Ende trinken, und bis 23.30 Uhr wurde auch ein Auge zugedrückt – was jedoch darüber hinausging, war verboten.
Am besagten 24. November 2005, trat jedoch ein neues Gesetz in Kraft. Demnach konnte man jetzt als Betreiber einer Gastlichkeit eine neue Lizenz beantragen – die

24 hours license.

Diese erlaubt es, auch nach 23 Uhr geöffnet zu haben und Alkohol auszuschenken – eine Revolution, die auf überraschend viel Widerstand stieß. Vor allem Juristen, Ärzte und Politiker wiesen darauf hin, dass damit das so genannte

binge drinking,
Besäufnis, exzessives Trinken,

das sich vor allem bei Jugendlichen zunehmender Beliebtheit erfreut, weiter zunehmen könnte. Entsprechend verhalten fiel zunächst auch die Reaktion aus: Im Großraum London wurden zunächst nur 23 Lizenzen beantragt – fünf von Pubbesitzern,

Out of office – out of danger.

Nicht im Amt – nicht in Gefahr.

vier von Nachtklubs und die übrigen von Supermärkten oder kleinen Geschäften. Mittelfristig dürfte sich die neue Freiheit allerdings wohl durchsetzen.
Typisch englisch ist folgende Weisheit zum Thema Gesetze:

Before the law and the bus conductor we are all equal.
Vor dem Gesetz und dem Busfahrer sind wir alle gleich.

Gewisse Prinzipien gelten jedoch auch anderswo. Etwa:

Law governs man,
reason the law.
Das Gesetz regiert den Menschen,
der Verstand das Gesetz.

Nicht ganz risikolos ist die folgende Methode:

If you wish to know a man,
give him authority.
Willst du einen Menschen kennen lernen,
dann gib ihm ein Amt.

Auf diese Weise wurde manch einer zum repräsentativen Staatsdiener, dessen Inkompetenz sich erst nach dem Amtseid erwies. Apropos Amtseid:

Eggs and oaths are easily broken.
Eier und Schwüre sind schnell gebrochen.

In jedem Fall zitieren wir an dieser Stelle die englische Eidesformel:

I solemnly swear to tell the truth,
the whole truth and nothing but the truth.
So help me God.
Ich schwöre feierlich, die Wahrheit zu sagen,
die ganze Wahrheit und nichts als die Wahrheit.
So wahr mir Gott helfe.

Leider stellt sich bei der ganzen Schwörerei im Nachhinein oft heraus:

That's a white lie.
Das ist eine fromme Lüge.

Sollte jemand bei dieser Lüge ertappt werden, ist ihm die Reaktion der Öffentlichkeit sicher. Die gesamten Medien werden sich auf ihn stürzen:

They give him the bird.
Sie pfeifen ihn aus.

Deshalb sollte für die Vertreter des Staates und der Macht gelten:

He that puts on a public gown,
must put off the private person.
Wer den Talar anlegt,
muss die Privatperson ablegen.

Doch wir merken schon, dass wir uns auf das glatte Parkett der Politik begeben. Und darauf sind wir bereits im Kapitel vorher ausgeglitten. Darum zurück zur Rechtssicherheit, falls es die überhaupt gibt:

Law is a bottomless pit.
Das Gesetz ist ein Fass (wörtlich: eine Grube) ohne Boden.

Sehen wir uns mal den Rechtsweg „made in Great Britain" etwas näher an. Wer aus Prinzip auf sein Recht pocht, dem möchte man im Vorfeld zurufen:

Agree, for the law is costly.
Stimm' zu, denn das Gesetz ist teuer.

Nicht nur in finanzieller Hinsicht sollte bedacht werden:

Better bend than break.
Beuge dich lieber, als zu brechen.

Sollte es doch zum Prozess kommen, darf bei der Suche nach einem geeigneten Rechtsberater ein wichtiger Aspekt nicht unberücksichtigt bleiben:

A good lawyer must be a good liar.
Ein guter Anwalt muss ein guter Lügner sein.

Vor Gerichten in demokratischen Ländern gilt der folgende Rechtsgrundsatz:

No man is bound to criminate himself.
Niemand muss gegen sich selbst aussagen.

Und auch das wäre die falsche Prozesstaktik:

Never try to prove what nobody doubts.
Versuch nie zu beweisen, was keiner bezweifelt.

In jedem Fall will gut überlegt sein, was man dem Richter erzählt:

Let sleeping dogs lie.
Wecke keine schlafenden Hunde.

Einem erfahrenen Richter können Sie sowieso nichts vormachen:

He knows his staff.
Er kennt seine Pappenheimer.

Dass die Justiz ganz und gar unvoreingenommen ist, mag man jedoch auch in Great Britain nicht so recht glauben:

He who pays the piper
calls the tune.

Wess' Brot ich ess,
dess' Lied ich sing.

Lediglich der Preis für das Brot mag unterschiedlich sein. Das Prinzip nicht:

Every man has his price.
Jeder Mensch hat seinen Preis.
(Das heißt, jeder Mensch ist bestechlich.)

Nicht selten muss der Habenichts erkennen:

Possession is nine points of the law.
Besitz sind neun Pluspunkte im Gesetz.
(Wer besitzt, hat das Recht auf seiner Seite.)

Oder, etwas allgemeiner ausgedrückt:

He that has money, has what he wants.
Wer Geld hat, bekommt was er will.

Poetischer ist diese Form:

No lock will hold against the power of gold.
Gold öffnet jedes Schloss.

Zweifel hingegen haben wir an der folgenden Aussage:

Crime does not pay.
Verbrechen zahlt sich nicht aus.

Auch dieser Satz ist zu schön, um wahr zu sein:

Like fault, like punishment.
Wie das Vergehen, so die Strafe.

Eher glauben wir da schon an die überirdische Gerechtigkeit:

No flying from fate.
Niemand entflieht seinem Schicksal.

Hat jemand eine Art siebten Sinn, wenn der Arm des Gesetzes nach ihm greift, heißt es:

He smells the rat.
Er riecht den Braten.

Wem dieser siebte Sinn fehlt, der landet im Fall des Falles in der:

Black Maria,
grüne Minna.

Mit der „Bloody Mary" hat dies allerdings nicht zu tun, Sie alter Genießer, Sie.

Church and religion – Kirche und Religion

Ein Kapitel über Gott und die religiöse Welt, fromme Sprüche und den Teufel.

Faith will move mountains.
Der Glaube versetzt Berge.

Dieses Kapitel widmen wir dem englischen Dichter William Cowper (1731–1800). In seinen „Olney Hymns No. 35" findet sich ein Satz, dem eigentlich nichts hinzuzufügen ist:

God moves in a mysterious way.
Gottes Wege sind unergründlich.

Mit William Cowpers Satz wäre eigentlich bereits alles gesagt. Doch Sie haben ein Recht darauf, für Ihr gutes Geld ein dickes Buch zu bekommen. Deswegen liefern wir gern noch ein paar weitere Zitate zum Thema. Zum Beispiel dieses:

Man proposes,
God disposes.
Der Mensch denkt,
Gott lenkt.

Außerordentlich eng arbeitet ein Berufsstand mit den himmlischen Mächten zusammen:

God heals, and the physician has the thanks.
Gott heilt, und der Arzt erntet den Dank.

Besonders fromm, weil im Einklang mit der Natur lebend, ist in der Regel der bäuerliche Stand:

He that sows, trusts in God.
Wer sät, glaubt an Gott.

Säen und sehen – wie eng liegen doch die Dinge manchmal beieinander!

Seeing is believing.
Sehen ist Glauben.

Glauben ohne beten – das ist wie ein Engländer ohne Tee. Und beten ohne glauben – das ist wie ein Rahmen ohne Bild. Doch bei einem können Sie sicher sein:

If your heart is in your prayer,
God will know it.
Gott weiß,
ob du mit dem Herzen betest.

Wobei die Länge des Gebets eine eher untergeordnete Rolle spielt:

A short prayer penetrates heaven.
Ein kurzes Gebet gelangt in den Himmel.

Auch daran sollte man unbedingt glauben:

The family that prays together, stays together.
Die Familie, die gemeinsam betet, bleibt zusammen.

Aber bitte vorher das Waschen nicht vergessen, denn:

Cleanliness is next to godliness.
Reinlichkeit ist der Gottesfurcht am nächsten.

So predigte John Wesley (1703–1791), der Begründer der methodistischen Glaubensbewegung.
Wenn derart familiärer Einklang herrscht, kann man sich sicher sein:

Where there is peace, God is.
Wo Frieden herrscht, ist auch Gott.

Meist kommt man jedoch ausgerechnet in schlechten Zeiten hinter die wichtigen Dinge, wobei wir offen lassen wollen, ob in solchen Fällen eine Art von himmlischer Erpressung im Spiel ist:

Danger makes men devout.
Gefahr macht die Menschen fromm.

Kommen wir zum himmlischen Bodenpersonal:

If you would be pope,
you must think of nothing else.
Wenn du Papst werden willst,
darfst du an nichts anderes denken.

Keiner zweifelt daran, dass es auch in den Pfarrhäusern dieser Welt menschelt. Allerdings unter der Prämisse:

Religion is the rule of life.
Religion regiert das Leben.

So sah es auch König Heinrich VIII., der nicht nur sechs Frauen hatte, sondern sich einerseits mit dem Papst und andererseits mit den Reformatoren anlegte: Er ließ sowohl Katholiken als auch Protestanten umbringen (neben zwei seiner Ehefrauen). Immerhin verdankt ihm England die anglikanische Nationalkirche. Beim Volk blieb daher der folgende Spruch in Erinnerung:

King Harry robbed the church and died a beggar.
König Harry beraubte die Kirche und starb als Bettler.

Manchem, dem das letzte Stündlein schlägt, kommt die Erleuchtung. Und vielen kommt sie zu spät. Etwa Kardinal Wolsey (1475–1530), der Berater jenes hinrichtungswütigen Heinrich VIII. war:

Had I but served God as diligently as I served the King,
he would not have given me over in my grey hairs.
Hätte ich Gott so fleißig gedient wie dem König,
er hätte mich in meinem Alter nicht verlassen.

Eigentlich sollten fromme Menschen keine Angst vor dem Tod haben. Wenn ihr letztes Stündlein schlägt, wissen sie doch:

The best way to travel is towards heaven.
Die beste Art zu reisen ist gen Himmel.

Wer noch überlegt, wo sein Platz nach dem Ableben sein wird, dem sei gesagt:

He who forgives others,
God forgives him.
Wer anderen vergibt,
dem vergibt Gott.

Ein Trost allen Sündern:

All are not saints that go to church.
Nicht alle, die zur Kirche gehen, sind Heilige.

Allen Scheinheiligen sei außerdem ins Gebetbuch geschrieben:

Pretended holiness is double iniquity.
Vorgetäuschte Heiligkeit ist doppelter Frevel.

Dies ist gedacht als Warnung vor Sekten und falschen Predigern.

When the fox preaches,
beware of your geese.
Wenn der Fuchs predigt,
pass auf deine Gänse auf.

The best way to travel is towards heaven.

Die beste Art zu reisen ist gen Himmel.

Auf den berühmten Gelehrten Samuel Johnson (1709–1784) geht die Erkenntnis zurück:

The road to hell is paved with good intentions.
Der Weg zur Hölle ist mit guten Vorsätzen gepflastert.

Der englische Rocksänger Chris Rea, Jahrgang 1951, hat dieses Bild aufgegriffen und beschreibt, wo die Menschheit landen wird, wenn sie mit ihrem Fortschrittswahn weitermacht:

You must learn this lesson fast
and learn it well:
This ain't no upwardly mobile freeway,
oh no, this is the road to hell!
Du musst deine Lektion schnell lernen,
und lern sie genau:
Das ist keine Schnellstraße nach oben –
das ist die Straße zur Hölle!

Keine Probleme gibt es in der Unterwelt mit Ladenöffnungszeiten:

Hell is always open.
Die Hölle hat immer geöffnet.

Und eines sollten Sie niemals vergessen:

He must rise betimes that will cozen the devil.
Wer den Teufel reinlegen will, muss früh aufstehen.

Superstition – Aberglaube

Kein Volk ist abergläubischer als das der Engländer. Ein Thema, das deshalb auf keinen Fall ausgelassen werden darf.

A whistling girl does rouse the devil.
Mädchen, die pfeifen, wecken den Teufel.

Dieses Kapitel widmen wir Thomas Campbell (1777–1844). Sein Satz ist die Messlatte für die inhaltliche Tiefe der Horoskope unserer Tage, die man in jeder besseren Zeitschrift findet:

Coming events cast their shadows before.
Kommende Ereignisse werfen ihre Schatten voraus.

Egal, welches Sternzeichen Sie haben – eines müssen Sie auf jeden Fall:

to have an eye to future,
die Zukunft im Auge behalten.

Pssst, drehen Sie sich jetzt bitte auf keinen Fall um, denn:

He that follows freits, freits will follow him.
Wer an Omen glaubt, den werden sie verfolgen.

Knackt und knarrt es in Ihren vier Wänden? Werden Sie nachts von Schatten verfolgt? Ist schon wieder eine Tasse heruntergefallen, ohne dass Sie dagegen gestoßen wären? Dann merken Sie sich eines:

Nothing but what is ominous to the superstitious.
Der Abergläubische findet alles unheimlich.

Aberglaube ist aber nicht nur unheimlich – er findet auch besondere Anwendung in Sachen Partnerschaft. Die folgenden Tipps sollten Sie sich unbedingt merken, wenn Sie auf Freiersfüßen wandeln:

Meet on the stairs,
and you won't meet in heaven.
Wer sich auf der Treppe kennen lernt,
trifft sich nicht im Himmel.

Und Sie, junger Mann: Nehmen Sie sich unbedingt in Acht vor Mädels à la Ilse Werner!

A whistling woman and a crowing hen
are neither fit for God nor men.
Frauen, die pfeifen, und Hühner, die krähen,
denen soll man beizeiten den Hals umdrehen.

Sie taugen – so die Briten – weder für Gott noch für den Mann, weil sie zu emanzipiert sind. Wir haben jetzt nicht genau recherchiert, wann Prinz Segelohr seine Camilla kennen lernte. Aber wir wissen ganz genau:

Marry in Lent,
and you will repent.
Heirate in der Fastenzeit,
und du wirst es bereuen.

Nun haben hier zu Lande die meisten Standesämter am Wochenende geschlossen. Möglicherweise ist dies in England anders, heißt es doch:

Sunday's wooing draws to ruin.
Wer sonntags freit, ruiniert sich selbst.

Aus Erfahrung wissen wir, dass auch andere Methoden Früchte tragen, doch probieren können Sie den folgenden Weg trotzdem:

If you rock the cradle empty,
you shall have babies plenty.
Schaukle die leere Wiege
und du wirst viele Babys bekommen.

Hat das Kleine das Licht der Welt erblickt, wird es erst mal unter die Lupe genommen. Folgende Tatsachen gelten als verbürgt:

Blue eyes, true eyes.
Blaue Augen, treue Augen.

A dimple in the chin, a devil within.
Grübchen im Kinn hat der Teufel im Sinn.

Cold hands, warm heart.
Kalte Hände, warmes Herz.

To have an eye to future.

Die Zukunft im Auge behalten.

A moist hand argues an amorous nature.
Eine feuchte Hand verrät ein verliebtes Herz.

Hoffentlich lacht Sie dann Ihr Säugling lange aus einem zahnlosen Mund an. Denn noch im vorigen Jahrhundert glaubte man, dass Kinder die früh zahnen, auch jung sterben:

Soon tod, soon with God.
Frühe Zähne, früher Tod.

Wobei „tod" ein altertümliches Wort für „tooth" (Zahn) ist. Desgleichen galt der folgende Aberglaube:

No moon, no man.
Kein Mond, kein Mann.

Wer bei Neumond geboren wird, erreicht nicht das Mannesalter, hieß es im Mittelalter.
Kam dann noch der folgende Umstand hinzu, war es fast schon nötig, das Grab auszusuchen:

The croaking raven bodes death.
Das Krächzen des Raben sagt den Tod voraus.

Bitte lassen Sie dieses Thema außen vor, wenn es an die Futtertröge geht:

Speak not of a dead man at a table.
Sprich bei Tisch nicht über Tote.

Denken Sie daran: Dieses Kapitel handelt vom Aberglauben. Eines ist in keinem Fall unser Anliegen:

To put the cat among the pigeons.
Die Katze zwischen die Tauben schicken.

Was das bedeutet: für helle Aufregung sorgen.

Sind Sie ein Sonntagskind?

Wissen Sie noch, wann Sie auf die Welt gekommen sind? Wir sagen Ihnen, was das auf Ihr Leben für einen Einfluss hatte und noch haben wird:

Monday's child is fair of face.
Montagskind, schönes Kind.

Tuesday's child is full of grace.
Dienstagskind ist liebenswürdig.

Wednesday's child is full of woe.
Mittwochskind ist voller Kummer.

Thursday's child has far to go.
Donnerstagskind muss weit reisen.

Friday's child is loving and giving.
Freitagskind ist liebevoll und freigiebig.

Saturday's child works hard for its living.
Samstagskind arbeitet hart für seinen Lebensunterhalt.

The child that is born on a Sabbath-day,
is fair and wise and good and gay.
Sonntagskind ist schön und weise und gut und fröhlich. (In England bedeutet „Sabbath-day“ Sonntag, obwohl das nach dem jüdischen Glauben nicht stimmt).

Wechseln wir das Thema und kommen wir zu denen, die Shakespeare in „König Lear", IV,6

fool of Fortune,
Narr des Glücks

nennt. Richtig: Wir sprechen von den Glückspilzen. Ihnen raten wir:

Turn your money in the pocket
when you hear the cuckoo.
Schüttle das Geld in deiner Tasche,
wenn der Kuckuck ruft.

So sorgen Sie dafür, dass Ihnen das ganze Jahr über nie das Geld ausgeht.
Falls Sie am Wochenende Lotto spielen, hier unser Geheimtipp:

There is luck in odd numbers.
Ungerade Zahlen bringen Glück.

Den meisten ist zwar ein Fünfer mit Zusatzzahl lieber. Aber man muss sich auch bescheiden zeigen können:

Third time lucky.
Aller guten Dinge sind drei.

Und bevor Sie Ihren Schein am Freitagnachmittag abgeben, vergessen Sie bitte nicht die folgende Zeremonie:

Touch wood, it's sure to come good.
Klopf auf Holz, dann wird alles gut.

Dies alles natürlich völlig ohne Gewähr.
An dieser Stelle soll der berühmte Hexenspruch aus Shakespeares „Macbeth" eingeflochten werden:

Third time lucky.

Aller guten Dinge sind drei.

Double, double, toil and trouble:
Fire burn; and cauldron bubble.
Spart am Werk nicht Fleiß noch Mühe;
Feuer sprühe, Kessel glühe!

Sollten Sie dieses Kapitel für absoluten Kokolores halten, hier die letzte Perle aus unserer Aberglauben-Schatulle:

Shitten luck is good luck.
Schei... bringt Glück.

Doch auch für diese Behauptung gilt leider nur:

We heard it on the grapevine.
Wir hörten es als Gerücht.

Weather – Wetter

Das Gesprächsthema Nummer 1 in England ist ebenfalls ein „Muss“ für unser Buch.

It's raining cats and dogs.
Es regnet Bindfäden.
(Wörtlich: Es regnet Katzen und Hunde.)

Dieses Kapitel widmen wir den alten Römern. Schließlich soll es auch schon vor 2 000 Jahren vorgekommen sein, dass es trockene Sommer mit fiesen Dürreperioden gab. Doch jenseits der Apenninen fing man gar nicht erst an, sich mit Azorenhochs oder Atlantiktiefs herumzuschlagen. Nein, damals war die Sache völlig klar:

There is no rain –
the Christians are the cause.
Wenn es nicht regnet,
sind die Christen schuld.

Spezifisch britisch ist das folgende Problem, das es schon zu Zeiten Shakespeares gab. So stellt der Narr in „König Lear“ resigniert fest:

For the rain it raineth every day.
Denn der Regen, der regnet jeglichen Tag.

Wenn bei diesem Thema jemand kompetent ist, dann sind es die Bewohner der Britischen Inseln. Also hören wir gut zu:

The farther the sight, the nearer the rain.
Je weiter die Sicht, umso näher der Regen.

Auch auf die Tierwelt ist Verlass:

The gull comes against the rain.
Die Möwe fliegt gegen den Regen. (Soll heißen:
Wenn die Möwen fliegen, gibt es keinen Regen.)

Statistisch erwiesen ist auch:

If the cock crows on going to bed,
he's sure to rise with a watery head.
Wenn der Hahn am Abend kräht,
wacht er morgens nass auf.

Hätte er besser die Klappe gehalten, der dumme Gockel. Ein Blick zum Horizont hätte doch bereits genügt:

Red clouds in the east, rain the next day.
Rote Wolken im Osten bringen Regen am nächsten Tag.

Und der hat es in England bekanntlich in sich:

It never rains but it pours.
Wenn es regnet, dann schüttet es gleich richtig.

Was im übertragenen Sinne bedeutet: Ein Unglück kommt selten allein.
Schaurige Aussichten:

Rain from the east, wet two days at least.
Ostregen dauert mindestens zwei Tage.

Doch es gibt auch Mutmacher unter den Bauernregeln Britanniens:

Rain before seven,
fine past eleven.
Regen vor sieben,
schön nach elf.

Um die Euphorie gleich wieder zu dämpfen:

Rain from the east, wet two days at least.

Ostregen dauert mindestens zwei Tage.

The morning sun never lasts a day.
Die Morgensonne bleibt nicht den ganzen Tag.

Sollte wider Erwarten einmal in Großbritannien die Sonne scheinen, erleben wir folgendes Phänomen:

Mad dogs and Englishmen go out in the midday sun.
Nur verrückte Hunde und Engländer gehen in der Mittagssonne spazieren.
Nach dem englischen Multi-Künstler Sir Noël Coward.

Und hier ein Halbjahresüberblick:

After a rainy winter, a plentiful summer.
Auf einen regnerischen Winter
folgt ein fruchtbarer Sommer.

Reichlich pauschal gehalten ist die nächste Aussage:

The devil is busy in high wind.
Bei Sturm ist der Teufel fleißig.
(Der Sturm richtet viel Schaden an.)

Mehr ins Detail geht die folgende Wetterregel:

Many haws, many snaws.
Viele Mehlbeeren, viele Schneestürme.

Eher in den Bereich des Aberglaubens gehört die folgende Weisheit:

Beware of oak,
it draws the stroke.
Flieh die Eiche,
sie zieht den Blitz an.

Von wegen Buchen suchen oder Weiden meiden! Tatsache ist, dass es den Blitzen völlig wurscht ist, unter welcher Sorte

Baum der Wanderer steht, den sie treffen wollen.
Zum Thema Gewitter passt auch noch die folgende Bauernregel:

Dunder do gally the beans.
Donner erschreckt die Bohnen.

Was positiv gemeint ist: Nach einem Gewitter wachsen die Bohnen schneller, heißt es.
Ein Blick zum Himmel sagt uns:

The full moon brings fair weather.
Der Vollmond bringt gutes Wetter.

Und zum Abschluss eine kleine Monatsübersicht, die allerdings keinen Anspruch auf Vollständigkeit erhebt:

A fair day in winter is the mother of storm.
Ein milder Wintertag bringt Sturm.

A snow year, a rich year.
Ein Schneejahr, ein reiches Jahr.

As the day lengthens,
the cold strengthens.
Wenn die Tage länger werden,
wird es kälter.

A windy March and a rainy April
make a beautiful May.
Ein windiger März und ein regnerischer April
machen einen schönen Mai.

So many mists in March,
so many frosts in May.
So viel Nebel im März,
so viel Frost im Mai.

A cold April
the barn will fill.
Ein kalter April
füllt die Scheunen.

A May flood
never did good.
Eine Mai-Flut
tat noch nie gut.

A dripping June
sets all in tune.
Ein nasser Juni
sorgt für eine gute Ernte.

Dry August and warm
does harvest no harm.
Ein trockener, warmer August
ist gut für die Ernte.

Und die weiteren Aussichten: Kräht der Gockel auf dem Mist, ändert sich das Wetter oder es bleibt, wie's ist ...

Sports and Fairplay

Die Spielregeln beachten – niemand kann das angeblich besser als die Engländer. Aber: Gesunde Brutalität hat in England anscheinend auch noch nie geschadet.

Fair and square,
offen und ehrlich.

Ähem. Na ja. Der britische Fußballer Robbie Fowler streckte seinen Gegner in einem Erstliga-Spiel von Manchester City gegen Aston Villa mit einem mörderischen Tritt gegen den Knöchel nieder. Als der Gefoulte sich mit schmerzverzerrtem Gesicht lautstark beim Schiedsrichter beschwerte, sagte Fowler zum Unparteiischen erstaunt:

So what? He's alive.
Was soll's? Er ist am Leben.

Denn nicht nur die Regeln des Fairplay gehören zum britischen Sport – auch der Gedanke der „männlichen Härte" gegen sich und andere macht einen wesentlichen Bestandteil des englischen Sportverständnisses aus. Beim Fußball kann das sehr angenehm sein: Es gibt kaum Schauspieleinlagen nach leichten Schubsern, Spielverzögerungen sind unangebracht und gesunde Härte hat noch nie jemandem geschadet – all dies sind ungeschriebene Gesetze, die die Betrachtung eines Spiels der „Premier League" (vergleichbar mit der Fußball-Bundesliga) durchaus abwechslungsreich machen und Langeweile gar nicht erst aufkommen lassen.
Diese Härte in Kombination mit Sportsgeist hat ihren Ursprung in den Eliteschulen und Universitäten des Landes. Dort wurde Sport schon ab dem 17. Jahrhundert groß geschrieben – Boxen und Rugby haben ihre Ursprünge in Eton und Oxford.

Dieses Kapitel widmen wir dem anglo-irischen Rockstar Chris De Burgh, Jahrgang 1948. In seinem Song „Spanish Train" lässt er Gott und den Teufel um die Seelen der Menschen kämpfen. Als Gott dem Teufel an den Kragen will, gibt Luzifer sich lässig:

So throw away that stupid lance,
it's really not your style!
Schmeiß deine dumme Lanze weg,
das ist wirklich nicht dein Stil!

Sie haben es längst gemerkt: Es geht in diesem Kapitel um:

Sportsmanship,
Fairness.

Selbst im soeben angesprochenen Deal zwischen Gott und dem Teufel schimmert der Geist des britischen Fairplay durch, der mit dem folgenden Begriff aus dem Volkssport Cricket auf den Punkt gebracht wird:

A fair field and no favour.
Alle Möglichkeiten und keine Bevorzugung.

Um zunächst einmal die Definitionsfrage zu klären:

All's fair that ends fair.
Fair ist, was fair endet.

Werfen wir an dieser Stelle aber noch einen kurzen Blick auf die mutmaßlich britischste aller Sportarten, das gerade erwähnte Cricket. Kaum einem Kontinentaleuropäer ist es bisher wirklich gelungen, Sinn und Regeln dieses Spiels zu verstehen – wir versuchen uns jetzt an einer Erklärung:
Zum Cricket benötigt man einen etwa faustgroßen Ball aus Hartgummi, bats (Cricketschläger) und wickets (Holzstäbchen), die zu einem Tor (wicket) zusammengesteckt werden. Jedes Team hat elf Spieler, die sich aus „bowler" (Werfer), „batsman" (Schläger) und „wicket keeper" (Torhüter) zusammensetzen.

Auf dem Spielfeld stehen sich zwei dieser kleinen Törchen (wickets) in einem Abstand von genau 20,12 Metern gegenüber. Ziel des bowlers von Team A ist es nun, mit dem Ball die Querstange des wickets von Team B herunterzuwerfen. Dies versucht ein batsman zu verhindern, indem er den heran fliegenden Ball wegprügelt. Schlägt er vorbei, versucht der wicket keeper den Ball zu fangen. Wenn es dem bowler dennoch gelingt, das wicket zu treffen, wird der batsman durch einen anderen ersetzt. Wenn der bowler jedoch innerhalb von sechs Versuchen sein Ziel, die Holzstäbchen zu treffen, nicht erreicht, kommt ein anderer bowler seiner Mannschaft dran.
Wenn der Ball nun in einer bestimmten Flugbahn die wickets zwar verfehlt, aber auch vom wicket keeper nicht gefangen werden kann, so fliegt er weit über das wicket hinaus und die anderen batsmen des verteidigenden Teams müssen ihm nachlaufen und fangen. Damit hat der bowler einen „run“ (Lauf) erzielt. Fliegt der Ball, der vom bowler des Teams A geworfen wurde, über die Grenzen des so genannten „midfields“ (Mittelfeld) hinaus ins „outer field“ (Außenfeld), ohne dass ihn ein batsman von Team B sichern kann, gibt es sogar vier „runs“ für Team A. Einhundert so genannter „runs“ nennt man dann ein „century“, was eigentlich „Jahrhundert“ bedeutet. Das Zählen übernimmt ein „umpire“, wie der Schiedsrichter beim Cricket heißt. Die Zeit, in der ein Spieler am Schlag steht, und die in dieser Zeit erzielten Läufe nennt man übrigens „inning“. Dieser Begriff hat Einzug in die englische Alltagssprache geführt, denn der Ausspruch

He had a good innings
meint nicht anderes als:
Er hatte ein langes und glückliches Leben.

Letztlich geht es darum, möglichst viele „runs“ zu erzielen. Ein Spiel allerdings dauert so lange, bis der letzte aller möglichen Batsmen eines Teams „thrown out“ (ausgeworfen) wurde. Dann werden die Läufe addiert und eine Mannschaft hat gewonnen.
Alles klar? Natürlich nicht – war nur eine rhetorische Frage.

Während uns dieses Spiel eher exotisch anmutet, ist es für den Engländer weit mehr als nur ein Spiel – es ist ein Stückchen Mentalität, gelebte Erinnerung an die großen Zeiten des Empires. Die Spieler sehen in ihren blütenweißen Shirts aus wie geleckt und zwei Jahrhunderte lang war es undenkbar, dass eine englische Nationalmannschaft gegen eine andere Cricket-Nation des Commonwealth (nur dort wird außerhalb Englands noch Cricket gespielt) verlieren könnte.
Doch leider lernten vor allem die Australier viel zu schnell: 1982 besiegten sie die Engländer auf deren eigenem „pitch" (Sportfeld), woraufhin die britische Sportzeitung „Sporting Times" einen bitterbösen Artikel über den Niedergang der britischen Werte veröffentlichte. Die Mannschaft, die im nächsten Jahr zur Revanche nach Australien fliegen sollte, schwor daraufhin:

We will bring back the ashes or mortal remains.
Wir werden die Asche oder
die sterblichen Überreste zurückbringen.

Seitdem heißt das alljährliche Freundschaftsspiel zwischen Briten und Australiern „The ashes", wobei nicht unerwähnt bleiben sollte, dass die Engländer 16 (!!!) Jahre benötigten, um die „Ashes" wiederzugewinnen.
Noch eine kleine Anmerkung zur Länge eines Spiels: Da das Match erst zu Ende ist, wenn alle „batsmen" aus dem Spiel sind, kann ein solches Spiel durchaus einige Tage dauern. Und da es als unfein gilt, in strömendem Regen zu spielen, man aber auch niemals (niemals!) unter ein Dach ausweichen würde, gab es schon Cricket Matches, die sich mehrere Wochen hinzogen. Regenfreie Tage sind in England schließlich eher selten.
Nach wie vor gilt Cricket als die britischste und damit auch fairste Sportart von allen. Die Feststellung

It's not cricket
bedeutet demnach auch:
Das ist nicht anständig.

So throw away that stupid lance,
it's really not your style!

Schmeiß deine dumme Lanze weg,
das ist wirklich nicht dein Stil!

So viel zum Cricket, doch natürlich pflegt der Brite noch weitere, eher ungewöhnliche Sportarten. In jedem Fall gilt ihm aber die Regel – im Sport, wie auch im Leben:

To play the game.

In diesem Satz, der wörtlich eigentlich nur „das Spiel spielen" bedeutet, steckt viel mehr. Als Übersetzung könnte beispielsweise dienen:

Spielen und immer die Regeln beachten.

Woran sich die Menschen leider längst nicht immer halten. Dies ließ die Briten zu der Erkenntnis gelangen:

Fair play's a jewel.
Fairplay ist ein Juwel.

Aufgabe des Schiedsrichters ist es dann:

to be a fair judge,
ein gerechtes Urteil abgeben.

Selbstverständlich wird man sich über kurz oder lang doch auf eine bestimmte Seite schlagen, indem man etwa als Trainer einen umstrittenen Spieler aufstellt:

To take up the cudgels for someone.
Für jemanden einen Lanze (wörtlich: Keule) brechen.

Manchmal erweist sich der Betreffende allerdings als Flop und völlig fehl am Platz:

He is a square peg in a round hole.
Er ist ein eckiger Pflock in einem runden Loch.

Was auch immer er tut:

The game is not worth the candle.
Das Spiel ist die Kerze nicht wert.
Sprich: Die ganze Mühe ist vergebens.

Wie eingangs dieses Kapitels schon erwähnt: Wer sich ein Fußballspiel ansieht, an dem britische Mannschaften beteiligt ist, wird zum einen erkennen: Die Jungs gehen zur Sache, dass die Schienbeine nur so krachen. Zum anderen sind die vielen kleinen versteckten Fouls, die den südländischen Teams nachgesagt werden, auf englischen Fußballplätzen aber kaum zu finden. Auch beim Foulen geht es eben fair zu!
Für Fußball-Freunde sei hier noch angemerkt, dass der deutsche „Schwalbenkönig" – ein Spieler also, der sich bei der kleinsten Berührung theatralisch fallen lässt, um einen Freistoß oder Elfmeter zu schinden – im Englischen als „diver" (Taucher) bezeichnet wird.
Was für den Sport gilt, gilt auch fürs Business:

That's a fair deal.
Das ist ein faires Geschäft.

Drei Grundregeln hierzu:

Erstens:
Share and share alike.
Wenn du teilst, teile gerecht.

Zweitens:
Fair exchange is no robbery.
Ein fairer Tausch ist kein Raub.

Drittens:
Be a good sport.
Sei kein Spielverderber.

Manchmal kann es auch zur Fairness gehören, den einen oder anderen Umstand unter den Tisch fallen zu lassen. Da heißt es dann:

to turn a blind eye,
ein Auge zudrücken.

Kritik an Ihrem Handeln können Sie mit der folgenden Weisheit aushebeln:

Circumstances alter cases.
Die Umstände verändern die Sache.

Schon beinahe ans Psychologische grenzt die dazu passende Erkenntnis:

Every medal has its reverse.
Jede Münze hat zwei Seiten.

Womit wir bei der dunklen Seite des Sports im Speziellen und des Lebens im Allgemeinen wären:

Two to one is odds.
Zwei gegen einen ist unfair.

Selbst im Kampf Mann gegen Mann gilt:

It is no play where one greets and other laughs.
Es ist kein Spiel, wenn einer weint und einer lacht.
(„Greets" bedeutet hier „weinen").

Zwei andere Sportarten, die via TV im übrigen Europa allmählich immer bekannter werden, in ihrem Ursprung aber höchst britisch sind, verdienen ebenfalls eine kurze Betrachtung: Snooker und Darts.
Snooker ist eine spezielle Art des Billards, bei der der Tisch, auf dem gespielt wird, ungefähr zweieinhalb Mal so groß ist wie ein normaler Billardtisch. Punkte werden hierbei erzielt, indem man zunächst einen roten Ball und dann einen Ball einer anderen Farbe einlocht. Während die roten Bälle nach dem Versenken in den Löchern bleiben, werden die andersfarbigen immer wieder auf feste Positionen auf den Tisch gelegt, bis alle

roten verschwunden sind. Erst wenn alle roten Bälle vom Tisch sind, dürfen auch die anderen in ihren Löchern bleiben – müssen aber in einer festgelegten Reihenfolge versenkt werden.
Der Begriff „Snooker" übrigens kommt vom Verb „to snooker", was man als „to put in trouble" (in Schwierigkeiten bringen) umschreiben könnte. Gemeint ist eine Situation, in der Spieler A den Spielball so legt, dass Spieler B, der nun an der Reihe ist, keine Möglichkeit hat, den anzuspielenden Ball in einer geraden Linie zu treffen. Diese Situation beschreibt der Kommentator gerne als „er hat ihn gesnookert" – ihm also gemeinerweise eine knifflige Aufgabe gestellt.
Der bekannte Snooker-Profi Tony Drago aus Malta hatte für seinen Gegner einst den anerkennenden Satz übrig:

Today he snookered me like a banshee.
Heute hat er mich gesnookert wie ein Verrückter.

Die bekanntesten Snooker-Profis sind der siebenmalige Weltmeister Stephen Hendry aus Schottland, der Ire Ken Doherty oder Ronny O' Sullivan. Sie alle sind mit diesem Spiel Millionäre gewonnen, denn bei den großen Turnieren werden Preisgelder in Millionenhöhe ausgeschüttet.
Nicht ganz so viel Geld, aber auch noch deutlich mehr, als man zum Leben braucht, wird den besten Darts-Spielern bezahlt. Darts wird mit Wurfpfeilen gespielt, die man auf eine in verschiedene Felder unterteilte Scheibe wirft. Man wirft von einer bestimmten Zahl auf Null herunter – in der Regel von 501, wobei es aber auch andere Spielarten gibt. Der Trick ist, dass man genau auf Null kommen muss: Wenn man also noch einen Rest von 19 hat, dann hilft eine 20 nicht weiter – man muss die 19 schon genau treffen. Bei den Profis ist dies allerdings noch schwieriger, denn der letzte Pfeil muss ein so genanntes „double" sein. Dafür muss man ein kleines Segment der Scheibe treffen, im dem die jeweilige Zahl doppelt zählt. Um von 19 also auf Null zu kommen, benötigt der Spieler beispielsweise eine elf und anschließend eine Doppel-Vier. Hört sich nicht so schwierig an, ist aber eine Kunst für sich. Das rote, kleine Feld im Zentrum der Scheibe heißt übrigens

bull's eye,
Ochsenauge, Mitte der Zielscheibe.

Entwickelt wurde der Sport in britischen Pubs und dort wird er vorzugsweise auch heute noch gespielt. Zu den ungeschriebenen Gesetzen – auch bei einem großen und bedeutsamen Turnier – gehört, dass immer Kneipenatmosphäre herrschen muss. Im Klartext: Die Zuschauer sind laut, grölen, klirren mit den Gläsern, singen und machen sonstigen Unsinn, um dem jeweiligen Spieler die Konzentration so schwer wie möglich zu machen. Ein gutes Darts-Spiel muss also immer „noisy" (lärmend) sein.
Kommen wir zum Fazit dieses Kapitels, das wir der schwedischen(!) Pop-Gruppe ABBA überlassen. Ihre Erkenntnis ist so simpel und einleuchtend, als wären sie Briten:

The winner takes it all,
the loser has to fall,
it's simple and it's plain.
Why should I complain?
Der Sieger nimmt alles,
der Verlierer muss fallen.
Es ist einfach und klar.
Warum sollte ich mich beklagen?

Wir hoffen, Sie zählen sich zu den Siegern!

Taste – Geschmack

Ein Kapitel über Essen und Trinken, aber auch Vorlieben und Abneigungen – also den Geschmack, über den man nicht streitet.

Ist Ihnen schon einmal aufgefallen, dass kaum jemand des guten Essens wegen nach England reist? Kaum jemand? Niemand! Denn mag auch das britische Empire groß und berühmt gewesen sein – die britische Küche war es nie. Glaubhaften Schilderungen zufolge wurden Spezialitäten wie Plumpudding – auf den wir im weiteren Verlauf des Kapitels noch näher eingehen – zu britischen Kolonialzeiten in der Fremde dafür verwendet, widerspenstige Einheimische gefügig zu machen. „Tell me the truth or eat this pudding!", könnte eine Drohung gegenüber einem vermeintlichen oder tatsächlichen Spion gelautet haben – in 99 von 100 Fällen wird er spätestens nach dem ersten Bissen „the truth, nothing but the truth" (die Wahrheit, nichts als die Wahrheit) gesagt haben.
Kontinentale Austauschschüler, die es nach Brighton, Portsmouth oder Birmingham verschlagen hat, haben zwei vergleichsweise preiswerte Methoden entwickelt, um ihren Aufenthalt trotz eines eher sparsam bemessenen Budgets kulinarisch zu überleben: Entweder eine Null-Diät – was so falsch nicht ist, wie das folgende Sprichwort beweist:

Diet is the best of medicines.
Diät ist die beste Medizin.

Oder tägliche Besuche bei McDonalds, Wimpy oder Burger King. Schmeckt dann auch in England wie zu Hause – Ehrenwort.
Besser Betuchte wissen durchaus von angenehmen Erfahrungen mit der britischen Küche zu berichten – vor allem in London. Sie essen beim Chinesen, beim Mexikaner, beim Inder,

beim Pakistani oder – wenn Sie wirklich dicke Geldbeutel haben – beim Franzosen oder Belgier. Deren sprichwörtliche Kochkunst macht den Briten staunen, denn eines muss man ihnen allen – ob Schotten, Iren, Waliser oder Engländer – durchaus zugute halten: Sie wissen ganz genau und geben es auch zu, dass ihr eigenes Essen grauenhaft schmeckt. Warum sie sich dann weiterhin standhaft weigern, Salz und Pfeffer in auch nur annähernd ausreichendem Maße zu verwenden („Help you to salt, help you to sorrow" lautet das dazu passende Sprichwort, das frei übersetzt etwa „Salz bringt Sorgen" meint), warum sie Gemüse immer noch halbroh servieren und ihre unglaublich blutigen Steaks in Schuhsohlenkonsistenz verspeisen, bleibt ihr kleines Geheimnis. Tradition vielleicht?

Eat at pleasure, drink at measure.
Iss mit Genuss, trink mit Maß.

So lautet ein sehr englisches Sprichwort, doch vor allem der Genuss ist eben so eine Sache.
Die populärste englische Literatin des 18. Jahrhunderts, Jane Austen, schrieb in „Sense and Sensibility" dereinst:

Taste is the literary conscience of the soul.
Der Geschmack ist das literarische Gewissen der Seele.

Und auch wenn sie hierbei nicht unbedingt auf die Küche ihrer Heimat angespielt haben dürfte, mag uns dieser Satz doch als kleiner Leitfaden für die kommenden Zeilen dienen, denn bevor wir uns wieder dem Essen zuwenden, bleiben wir noch ein wenig abstrakt. Denn „schmecken" muss nicht nur das Essen – „Geschmack" ist bekanntlich auch ein Synonym für kulturelle Bildung und da können die Briten allemal mithalten. Allerdings lässt sich über Geschmack angeblich nicht streiten, was der belesene Brite mit dem folgenden schönen Sprichwort illustriert:

The owl thinks her own young fairest.
Die Eule findet ihr Junges am schönsten.

Nun ist ja das ganze Leben subjektiv. Und wat dem inen sin Uhl, is dem annern sin Nachtigall, wie es im Plattdeutschen heißt. Geht es in diesem Sprichwort vor allem um die Schönheit der Töne, welche die Eule beziehungsweise die Nachtigall von sich geben, hält es der Brite zuweilen natürlich auch mit den optischen Genüssen:

Beauty is in the eye of the beholder.
Die Schönheit liegt im Auge des Betrachters.

Ein wenig haben die Briten mit den Bayern gemeinsam. Die viel beschworene bayerische Lebensart

live and let live,
leben und leben lassen,

wird hier auch durch das Sprichwort ausgedrückt:

Every one to his taste.
Jeder nach seinem Geschmack.

Wohl, weil der Engländer genau weiß:

You can't please everyone.
Du kannst es nicht allen recht machen.

Mit dieser Weisheit im Hinterkopf haben wir auch dieses Buch zusammengestellt, um gleich von Anfang an all unseren Kritikern den Wind aus den Segeln zu nehmen. Denn wir wissen aus vielfacher schmerzlicher Erfahrung: Wir haben nur kluge Leser, die grundsätzlich mehr wissen als wir:

So many men, so many opinions.
So viele Köpfe, so viele Sinne.

Nun hoffen wir nicht, dass Sie denken:

He passed beyond the pale.

Er hat die Grenzen des Schicklichen überschritten.
(Wobei „pale“ auch mit „Grenzen des Erlaubten“ übersetzt werden kann.)

Wenn Sie diesen Bestseller zur Hand nehmen, sollen Sie stattdessen (so wäre es uns am liebsten) sagen:

It is my cup of tea.
Er ist nach meinem Geschmack.

Doch lassen wir diese eher unfruchtbare Betrachtung und wenden wir uns endlich den Gaumenfreuden zu – getreu dem Motto:

Eating and drinking keeps body and soul together.
Essen und Trinken hält Leib und Seele zusammen.

Allerdings sollte diese Leidenschaft nicht so weit gehen, dass sie zum Selbstzweck wird:

Eat to live and not live to eat.
Iss, um zu leben, aber lebe nicht, um zu essen.

Oscar Wilde allerdings hat zugegeben (und wir mutmaßen nun einfach einmal, er hat dies als Gourmet gemeint):

I can resist everything except temptation.
Ich kann allem widerstehen, außer der Versuchung.
Aus dem 1893 geschriebenen Stück „Lady Windermeres Fächer“

Dabei war er gar nicht so weit entfernt vom Propheten Jesaja, der da sagt (22,13):

Eat, drink and be merry,
for tomorrow we die.
Lasst uns essen, trinken und fröhlich sein,
denn morgen sind wir tot.

(Wobei das „fröhlich sein“ von den Engländern dem Original hinzugefügt wurde.)

Ob das folgende Sprichwort speziell die britische Küche meint, sei dahingestellt, darf aber vermutet werden:

Many dishes make many diseases.
Viel Essen bringt viel Krankheit.

Immerhin – der Zitatenschatz hält auch die passende Gegenmaßnahme parat:

An apple a day
keeps the doctor away.
Ein Apfel am Tag
hält den Doktor fern.

Mal ehrlich: Können Sie uns ein englisches Gericht nennen, bei dem der Gourmet begeistert ausruft:

I could eat that till the cow comes home!
Das könnte ich essen bis zum „Geht nicht mehr“!

Die wörtliche Übersetzung: „bis die Kuh nach Hause kommt“, finden wir als Bild besonders hübsch. Sollten Sie mit jemandem ausgehen, der bekanntermaßen die Speisekarte rauf und runter futtert, sollten Sie vorher mit ihm ausmachen:

I'll go Dutch with you.
Wir werden getrennt bezahlen.

Nicht, dass er plötzlich auf Ihre Kosten eine Lokalrunde ausgibt:

Caviar to the general!
Kaviar für das Volk!
Heißt es in Shakespeares „Hamlet“.

Guten Appetit!

In der englischen Küche genügen – anders als etwa in Frankreich – wenige Worte, um einigermaßen zu überleben. Was – so meinen Spötter – der höchste Anspruch ist, den man an die englische Küche richten sollte: überleben. Wir vermeiden jeden Kommentar zu diesem Thema, sondern nennen Ihnen die Grundnahrungsmittel der Insel.

Englisch	**Deutsch**
beer	Bier
bread	Brot
cakes	Kuchen
cheese	Käse
dark beer	dunkles Bier
dessert	Nachspeise
drinks	Getränke
eggs	Eier
fish	Fisch
ham	Schinken
lager beer	helles Bier
liquors	Liköre
meat	Fleischgericht
milk	Milch
porridge	Haferbrei
potatoes	Kartoffeln
puddings	süße Speisen
sauces	Saucen
soups	Suppen
sweets	Süßigkeiten, Nachspeisen
tea	Tee
vegetables	Gemüse
water	Wasser
wines	Weine

Beauty is in the eye of the beholder.

Die Schönheit liegt im Auge des Betrachters.

Zugegeben – vielleicht haben wir eingangs des Kapitels ein kleines bisserl übertrieben, als wir die britische Küche in Bausch und Bogen verdammten. Es gibt auch durchaus schmackhafte Rezepte, die das folgende Sprichwort rechtfertigen:

Appetite comes with eating.
Der Appetit kommt beim Essen.

Lassen Sie uns am frühen Morgen beginnen. Das „English breakfast" (englisches Frühstück) erfreut sich nämlich eines durchaus guten Rufes, zumal der Brite eher selten ausführlich zu Mittag isst und deshalb gut gestärkt in den Arbeitstag entlassen werden will. Das typische englische „breakfast" muss scharf angebratenen, gut durchgehangenen Speck beinhalten, kleine, gebackene „breakfast beans" (Frühstücks-Bohnen, gibt's überall zu kaufen) zwei oder drei „sausages" (Würstchen) und ein „fried egg" (Spiegelei). Die Luxus-Variante sieht dann auch noch eine gegrillte Tomate sowie in der Pfanne angebratene Champignons vor, die ohnehin die einzige Pilzart sind, die der Brite gemeinhin für essbar hält. Deshalb werden sie schlicht „mushrooms" genannt – wie eben alle anderen Pilze auch. Für den echten morgendlichen Heißhunger brät die britische Mutti die mit Butter bestrichenen Brotscheiben anschließend gerne auch im Fett der sausages und mushrooms an – schlichtes Toasten ist eher was für Warmduscher.
Solcherart in den Tag entlassen gilt:

Stuffing holds out storm.
Ein voller Bauch übersteht den stärksten Sturm.

Für die kleine Stärkung zwischendurch können wir guten Gewissens „bubble and squeak" empfehlen. Warum diese Zwischenmahlzeit „Blase und Quietschen" heißt, ließ sich leider nicht ermitteln – einfacher war's da schon mit dem Rezept: Man brate in der Pfanne die Kartoffel- und Grünkohlreste vom Vortag an (Reste heißt „yesterday's leftover"), kippe nach zwei Minuten ein paar Speckwürfel hinein und erhitze das Ganze bei niedriger Temperatur noch zwei weitere Minütchen. Fertig. Schlicht, aber nicht schlecht. Prädikat: Genießbar, geldbeutelschonend und sättigend, was uns zur erfreulichen Erkenntnis führt:

When meat is in, anger is out.
Ein Bauch voll Fleisch macht friedfertig.

Und damit wenden wir uns nun auch tatsächlich dem besagten Fleisch zu. Seit BSE in England für Unruhe sorgte, steht das gute alte Lammfleisch – das zwischendurch etwas außer Mode war – wieder hoch im Kurs. Und tatsächlich ist ein „roast lamb with mint sauce“ (Röstlamm in Minzesauce) auch durchaus lecker. Stopp: Wenn Sie bei „mint“ gleich an Pfefferminze denken, sind Sie einem weit verbreiteten Vorurteil aufgesessen. Zwar verwendet der Brite gerne und oft tatsächlich auch Pfefferminzsauce zum Würzen der Speisen (vorzugsweise bei Geflügel ... Igitt), doch fürs Lamm nimmt er „spearmint“ – also eine gewöhnliche grüne Minze, die er klein hackt, mit Essig und Zucker vermischt und mit etwas Wasser zu einem angenehm frisch-würzigen Sud vermengt. Beim Lamm gilt übrigens, dass es stets „well done“ (gut durch) sein sollte – nur Amerikaner schätzen es „medium“ oder gar „rare“. Prädikat: gewöhnungsbedürftig, aber nach dem ersten Kosten mehr als nur genießbar – vorausgesetzt, der Koch versteht sein Handwerk und die Beilagen passen einigermaßen.
Im Übrigen gilt natürlich stets der kluge Satz:

One man's meat is another man's poison.
Des einen Fleisch ist des anderen Gift.

Was uns zur Erkenntnis führt, dass vor allem britische Süßspeisen einen miserablen Ruf genießen. Eigentlich ein wenig ungerecht, denn einen guten „trifle“ können wir wirklich empfehlen. Dabei handelt es sich um einen Nachtisch (sweet, dessert oder pudding – all diese Begriffe können für Nachtisch stehen), den man allerdings nur höchst selten auf Speisekarten findet. Er ist eher eine Spezialität südenglischer Hausfrauen. Zunächst wird

ein Löffelbiskuit dick mit Himbeermarmelade bestrichen und anschließend in Sherry getränkt. Daraufhin schichtet man eine Lage Obst und eine Lage Vanillepudding auf die alkoholschwangere Teigware und haut obendrauf noch einen großen Batzen Schlagsahne. Okay – Menschen mit erhöhtem Cholesterinspiegel verlieren dadurch mutmaßlich ein bis zwei Lebensjahre, doch eigentlich ist ein „trifle" das durchaus wert. Prädikat: supersüß, empfehlenswert.
In England gibt es allerdings noch ein anderes Lieblingsgebäck. Es muss jedoch richtig zubereitet sein:

An apple-pie without some cheese
is like a kiss without a squeeze.
Eine Apfeltorte ohne Käse
ist wie ein Kuss ohne Nachdruck.

Zum Abschluss unseres kleinen Ausflugs in die angenehmeren Gefilde der britischen Küche, dürfen wir Ihnen noch eine Spezialität ans Herz legen, die zwar überhaupt nicht un- oder gar außergewöhnlich ist, deren Name jedoch stets für Erheiterung sorgt: Welsh rabbit – das walisische Kaninchen – ist nämlich der britische Begriff für ... Käsetoast. Warum? Wieso? Hey – fragen Sie doch einen Waliser ...
Nun aber zum eigentlich „Schrecken" der britischen Küche – ein Horror, gegen den sich die Seeschlacht von Trafalgar wie ein idyllisches Picknick ausnimmt: dem Plumpudding.
Historiker, die sich mit diesem britischsten aller Gericht beschäftigt haben, berichten, dass dieses Etwas aus dem 14. Jahrhundert stammt und ursprünglich eine Art dickliche Suppe namens „frumenty" war, die in der Fastenzeit vor dem Weihnachtsfest verzehrt wurde. Dieses Süppchen entstand durch das vollständige Zerkochen von Hammel- und Rindfleischresten, wobei unter anderem auch Wein und Rosinen zugesetzt wurden. Im Laufe der kommenden Jahrhunderte wurden Brotkrumen, Eier, Bier und getrocknete Pflaumen beigemengt, hinzu kamen Mandeln, Zimt, Nelken und Ingwer. Um das Ganze abzurunden, wurden auch noch große Mengen verschiedener alkoholischer Getränke beigefügt, so dass ein Rezept des größ-

ten heute noch existierenden Puddingfabrikanten in England Rum, Brandy, Amaretto und Kirschwasser enthält. Für Kinder – das dürfte klar sein – ist der auch zärtlich als „Christmas Pudding“ bezeichnete Klops eigentlich völlig ungeeignet.
Übrigens: Eine Besonderheit des Plumpuddings ist auch seine Konsistenz im nicht erhitzten Zustand: Dann ist er nämlich eine gummiartige Masse – de facto eigentlich unzerstörbar – die, lässt man sie fallen, buchstäblich hüpft wie ein Gummiball.
Noch einmal sei an dieser Stelle der Hinweis gestattet, dass der englische Begriff „pudding“ keinesfalls ausschließlich eine Süßspeise bezeichnet. Den Plumpudding haben wir ja bereits ausführlich gewürdigt – hier noch zwei weitere Vertreter der britischen Esskultur in Puddingform:

Diet is the best of medicines.

Diät ist die beste Medizin.

* Yorkshire pudding – leichtes Gebäck, vorzugsweise als Beilage zu Roastbeef mit Braten oder Minzsauce serviert,
* Black pudding – besteht aus Blutwurst in Puddingform. In manchen Gegenden wird auch dieses Gericht mit Minzsauce serviert.

Im Übrigen hat man in England längst erkannt, dass Mahlzeiten schweigend und möglichst in Ruhe eingenommen werden sollten – eine großartige Empfehlung, wenn wir an das blödsinnige Hintergrundgedudel denken, das heutzutage in fast jedem Restaurant als überflüssigste aller Beilagen gereicht wird:

None but fools and fiddlers sing at their meat.
Nur Narren und Fiedler singen beim Essen.

Zum Abschluss dieses Kapitels zum Thema „Geschmack" beschäftigen wir uns mit flüssiger Nahrung:

Drink wine in winter for cold,
and in summer for heat.
Trink Wein im Winter gegen Kälte
und im Sommer gegen Hitze.

Doch in England wird ja bekanntlich nicht nur Alkoholisches zu sich genommen, sondern in erster Linie Tee. William Cowper (1731–1800) hat dieses Getränk so umschrieben:

The cups,
that cheer, but not inebriate.
Die Schalen,
die erheitern, nicht berauschen.

Sei es, wie es sei – dies Kapitel ist vorbei; stilgerecht mit einem alten Trinkspruch:

Down the hatch!
Runter damit!

Popular – Populäres

Zu guter Letzt: Ausdrücke von A – Y, die man ständig im Munde führt, ohne groß darüber nachzudenken.

by the way
übrigens

Dieses Kapitel widmen wir Edmund Spenser. Über seine Biographie erfahren Sie mehr im Anhang. Aus seinem Werk „Colin Clout“ stammt das Zitat:

Although the last, not least.
Das jüngste, nicht geringste.

Gemeint ist dieses Kapitel. Es ist – mit Ausnahme der Biographien – das letzte, aber deswegen auch nicht zu verachten. Denn es enthält alphabetisch geordnete Begriffe, die man unbedingt noch braucht, um auf Englisch angeben zu können. Außerdem – als ganz besonderes Schmankerl – einige Tipps für London–Reisende, wo man sich gut und günstig ernähren kann.

a clean slate
eine weiße Weste

Da „slate“ Schiefertafel heißt, könnten wir uns vorstellen, dass der Begriff mit dem lateinischen „tabula rasa“ = „reiner Tisch“ zu tun hat.

a feather in one's cap
eine Feder auf der Mütze
(etwas, worauf man stolz sein kann)

a smooth customer
ein durchtriebener Kerl („Smooth“ steht hier für aalglatt.)

All roads lead to Rome.
Alle Wege führen nach Rom.

And that's that!
Und damit basta!

Are you with me?
Können Sie mir folgen?

blind as a bat
blind wie ein Maulwurf (wörtlich: wie eine Fledermaus)

bolt from the blue
Blitz aus heiterem Himmel

Break a leg!
Hals- und Beinbruch!

Charity begins at home.
Nächstenliebe beginnt zu Hause.

Check the beck.
Kapier den Wink.

Come hell or high water.
Komme, was wolle. (Wörtlich: Egal, ob Hölle oder Hochwasser. Denken Sie an die Wendung „vom Regen in die Traufe kommen“.)

Cross my heart!
Ehrenwort!

daylight robbery
Beutelschneiderei

Dog don't eat dog.
Eine Krähe hackt der anderen kein Auge aus.

Don't waste your breath!
Spar dir deine Worte!

Earn your wings!
Verdiene dir deine Sporen!

every now and then
gelegentlich

Everything is at stake.
Alles steht auf dem Spiel. („Stake“ ist der Spieleinsatz.)

evil eye
der böse Blick

fair-weather friends
Schön-Wetter-Freunde, also diejenigen,
die einen im Stich lassen, wenn es ernst wird

First come, first served.
Wer zuerst kommt, mahlt zuerst.

for the life of me
um alles in der Welt

for what it's worth
wenn Sie mich fragen

Get lost!
Zieh Leine!

Go to hell!
Fahr zur Hölle!

Go to blazes!
Hau ab!
Eigentlich dasselbe wie im Ausruf vorher:
„Blazes“ (Flammen) ist ein altes Wort für Hölle.

go-getter
Draufgänger

Hard cheese!
Schöne Pleite!

He is cracking up.
Er dreht durch.

hen party
Damenkränzchen, Jungesellinnenabschiedsparty

henpecked husband
Pantoffelheld

higgeldy-piggeldy
Kuddelmuddel

hit or miss
auf gut Glück

Hold your horses!
Hab Geduld!

I'm feeling out of sorts.
Ich bin nicht auf der Höhe.

I'm in the soup.
Ich sitze in der Patsche.

in an interesting condition
in anderen Umständen

All roads lead to Rome.

Alle Wege führen nach Rom.

It's worth the trouble.
Es ist der Mühe wert.

I've had it.
Mir reicht's.

I know my stuff.
Ich verstehe meine Sache.

jobs for the boys
Vetternwirtschaft

joy-ride
Spritztour

keen as mustard
Feuer und Flamme, wörtlich: scharf wie Senf

kingdom come
Jenseits

Llanfairpwllgwyngyllgogerychwyrndrobwllllantysiliogogogoch
Aus diesen 58 Buchstaben besteht der Name eines Dorfes in Wales. Selbstverständlich lässt sich dieser Name auch übersetzen. Er bedeutet: Marienkirche in einer Höhle mit weißen Haseln, in der Nähe des schnellen Wasserstrudels und der Kirche des St. Tysilio, unweit einer roten Höhle. Llanfairdingsbums ist übrigens nur der zweitlängste Ortsname. Der längste hat 83 Buchstaben und betrifft einen Ort auf der Nordinsel von Neuseeland. Da es sich jedoch um ein Wort aus der Maorisprache handelt, kommen Sie um die Aufgabe herum, dieses Wort auswendig lernen zu müssen.

monkey business
krumme Tour (wörtlich: Affengeschäft)

No dice!
Keine Chance! (Wörtlich: Keine Würfel! Beziehungsweise: Keine Augen auf dem Würfel!)

nothing to write home about
eine fade Angelegenheit (wörtlich: Nichts, über das man in Briefen nach Hause berichten könnte)

on the horns of a dilemma
in der Zwickmühle sein

On your bike!
Hau ab! (Sinngemäß: Schwing dich auf dein Rad!)

one for the road
eines für den Weg
Gemeint ist ein letztes Glas.

one-horse town
Kaff

peekaboo
das Versteckspiel

Put that in your pipe and smoke it!
Merk dir das!

Queen's evidence
Kronzeuge

queer fish
komischer Kauz

rank and file
in Reih und Glied

red-letter day
Glückstag

regular brick
anständiger Kerl – solide wie ein Ziegelstein

Shame on you!
Schäme dich!

ships passing in the night
Zufallsbekanntschaften

sleeping partner
stiller Teilhaber

slip of the tongue
Versprecher

Slip out the back, Jack.
Hau ab, Kumpel. (Wörtlich: Schlüpf vom Rücksitz, Jack!)

So what?
Na und? (Oder: Was soll's?)

stag party
Herrenabend, Junggesellenabschied
„Stag" ist der Hirsch, aber auch der unbeweibte Herr.

Tell me another!
Mach mir nichts vor!

That's not my pigeon.
Das ist nicht mein Bier. (pigeon = Taube)

That's not to be squeezed at.
Das ist nicht zu verachten.

That's the snag.
Das ist der Haken.

That's your baby.
Das ist dein Problem.

The coast is clear.
Die Luft ist rein.

the real McCoy
der wahre Jakob

the real thing
der Ernstfall

The very ticket!
Genau das Richtige!

to fly a kite
einen Drachen steigen lassen, einen Versuch starten

to hit the jackpot
das große Los ziehen

to go on the wagon
zum Antialkoholiker werden

to have a crush on someone
für jemanden schwärmen (crush = der Schwarm)

to kick the bucket
ins Gras beißen, sterben (wörtlich: den Eimer wegtreten)

to kick someone upstairs
jemanden wegloben

to look after number one
seine eigenen Interessen verfolgen

tooth of time
Zahn der Zeit

to ride for a fall
Kopf und Kragen riskieren

to take a leak
zum Pinkeln gehen

to take a nap
ein Nickerchen machen

to take a nip
ein Schlücken trinken

to take someone for a ride
entweder: jemanden mitnehmen
oder: jemanden übers Ohr hauen, reinlegen

under the influence
betrunken (eigentlich: unter dem Einfluss)

until kingdom come
ewig

verbal diarrhoea
Geschwätz, verbaler Dünnpfiff

walk-on part
Statistenrolle

We are even.
Wir sind quitt.

wet blanket
Spaßverderber (wörtlich: nasse Decke)

What's it about?
Worum geht's?

wild-goose chase
vergebliche Liebesmüh'
(wörtlich: die Jagd nach Wildgänsen)

work to rule
Dienst nach Vorschrift

You give me a pain!
Du gehst mir auf den Geist!

You're only young once.
Man ist nur einmal jung.

Abschließend nun – wie eingangs dieses Kapitels versprochen – noch einige kulinarische Tipps, mit denen Sie in jedem Fall Eindruck schinden werden.

Da wäre zunächst einmal....

George's Portobello Fish Bar
Portobello Road, Ecke Chesterton Road
Tel.: 020 8969 7895
Großartige Fish & Chips (die wahrlich nicht überall genießbar sind), ausgezeichnete Spare Ribs und Döner Kebabs.
Bei gutem Wetter kann man draußen sitzen, ansonsten gibt's das Essen zum Mitnehmen.
Prädikat: ausgezeichnetes Preis-Leistungsverhältnis, freundlich und wohlschmeckend.

(Übrigens: Wenn Sie dann schon einmal in der Portobello Road sind, sollten Sie unbedingt über den legendären „Portobello Market" – ein Flohmarkt, der sich über zweieinhalb Kilometer erstreckt –, bummeln. Außerdem empfiehlt es sich, einen Abstecher nach rechts in die Golborne Road zu machen, dort ins portugiesische Kaffeehaus „Lisboa" zu gehen, den angeblich besten Kaffee der Stadt zu trinken und einen sehr leckeren Vanillekrapfen zu essen.)

Ebenfalls sehr empfehlenswert ist:

Feng Shang Chinese Restaurant
Prince Albert Road, NW 1
(Ein Boot auf dem Regent' s Canal, nur ein paar Minuten Fußweg vom Londoner Zoo aus, direkt im Regent' s Park)
Tel.: 020 7485 8137

Sehr gute chinesische Küche, in angenehmer Umgebung serviert und in wunderschöner Lage.
Prädikat: edel, aber nicht zu teuer, lecker, aber nicht zu exotisch.

Und wenn's dann doch noch etwas stilvoller sein soll ...

The Durbar
24 Hereford Road, Ecke Westbourne Grove, W2
Tel.: 020 7727 1947

Indisches Restaurant der absoluten Spitzenklasse, gewann seit dem Jahr 2000 insgesamt vier Gourmet-Preise und wurde zweimal als bestes Esslokal Londons ausgezeichnet. Nicht billig, aber auch keinesfalls zu teuer.
Prädikat: unaufdringlich luxuriös, exzellente Küche und hervorragender Service.

Who is who? – Wer ist wer?

Berühmte englische Dichter, Schriftsteller und Politiker, aber auch populäre Personen der jüngeren Zeitgeschichte – Briten, die man einfach kennen muss, wenn man mitreden will.

Das sprichwörtliche englische Understatement ist – wie bereits im Vorwort erwähnt – schuld daran, dass man gerade bei den Briten weniger als bei sonst irgendeiner Nation zurückverfolgen kann, woher all die klugen Sprüche wirklich stammen, die Sie in diesem Buch finden.
Vieles, was man in England dem Volksmund zuschreibt, stammt in Wirklichkeit von einer großen Persönlichkeit, die sich schlicht und einfach nicht zu erkennen geben wollte. Darum bleibt uns auch nichts anderes übrig, als ein paar der großen Schriftsteller vorzustellen, die ganz sicher bei vielen klugen oder witzigen Sätzen ihre Hand im Spiel hatten, auch wenn sie nicht jedes Mal als Quelle angegeben sind. Ist die Quelle verbürgt, haben wir sie selbstverständlich zitiert. Auch ein paar andere wichtige englische Personen finden Sie hier aufgeführt.

Jane Austen (1775–1817). Die einzige heute noch gelesene Schriftstellerin der vorviktorianischen Zeit wuchs mit sieben Geschwisterchen in einem Pfarrhaus in Hampshire auf, wo ihr Vater zugleich ihr Lehrer war. Er war es auch, der sie in ihren literarischen Studien und ihren eigenen Versuchen unterstützte. Jane Austens Romane entstanden alle in dieser kleinen Welt. Sie bewegte sich darin mit viel Einfühlungsvermögen und großem psychologischen Scharfsinn.
Schon im Alter von elf oder zwölf Jahren begann sie zu schreiben. Ihre größten Werke, wie „Sense and Sensibility“, „Northanger Abbey“, „Pride and Prejudice“, „Mansfield Park“ und „Emma“ erschienen Anfang des 19. Jahrhunderts. Ihre Liebesgeschichte „Mansfield Park“ soll autobiographische Elemente enthalten.

Francis Bacon (1561–1626). Der ehrgeizige Jurist und Politiker galt zu seiner Zeit als Kultfigur des Fortschrittglaubens und war immer sehr umstritten. Er wurde als Sohn des Lordsiegelbewahrers Sir Nicholas Bacon in London geboren. Am Trinity College in Cambridge studierte er nur zwei Jahre. Enttäuscht wechselte er nach Gray's Inn, wo er zum Juristen ausgebildet wurde. Er stieg am Hof Elisabeths I. auf, weil er beim Sturz des Mannes mithalf, der ihn großzügig gefördert hatte. Später wurde er Lord Kanzler, aber wegen Korruption entlassen und von Hof und Parlament verbannt. Er hasste Elizabeth I. und die Enge Englands, was sich teilweise auch in seinen Werken niederschlägt. Seine Hauptwerke „Essays", „The Advancement of Learning", „Novum Organum" und „The New Atlantis" wurden wegen ihrer philosophischen und schriftstellerischen Leistung immer sehr bewundert und zugleich oft hart kritisiert.

David Beckham (geb. 1975). Im Londoner Stadtteil Leytonstone geboren fiel der junge David Robert Joseph Beckham schon früh durch fußballerisches Talent auf. Was ihn jedoch neben seinen zahlreichen Meisterschaften mit Manchester United und seinem spektakulären Wechsel zu Real Madrid wirklich zur Kultfigur machte, war eine Heirat mit Victoria Adams, einem ehemaligen Mitglied der britischen Mädchen-Pop-Gruppe „Spice Girls". Deren extravaganter Lebensstil, den sie auch ihrem Gatten verordnete, führte dazu, dass der ursprünglich eher biedere David zur Ikone der so genannten Metrosexualität wurde – einer Persönlichkeitsform, die feminine und maskuline Eigenschaften und Wesenszüge in spielerischer Form vereint. Mit einem Vermögen von rund 100 Millionen Euro ist Beckham heute nicht nur einer der reichsten Männer Englands, sondern auch der mutmaßlich bekannteste Fußballer des Erdballs.

Sir Winston Churchill (1874–1965) Der als Sohn des konservativen Politikers Lord Randolph Churchill im Jahr 1874 geborene Winston Leonhard Spencer Churchill war der mutmaßlich wichtigste und sicherlich einflussreichste Politiker in Großbritannien des ausgehenden 19. und beginnenden 20. Jahrhunderts. Seine Karriere begann er als Soldat in Indien und dem Sudan, anschließend war er Kriegsberichterstatter in Südafrika und wurde durch seine spektakuläre Flucht aus burischer Gefangenschaft zur nationalen Berühmtheit. Seit 1900 als Abgeordneter im britischen Unterhaus, wird er 1908 zum Handelsminister befördert, zwei Jahre später zum Innenminister und ist während des Ersten Weltkriegs zeitweise für die britische Flotte verantwortlich. In den 20er Jahren des 20. Jahrhunderts kehrt er als Schatzmeister auf die Bühne der Politik zurück und wird im Verlauf des Zweiten Weltkriegs zum Premierminister. Er gilt als Motor im Widerstand gegen Hitler-Deutschland und als Initiator der Allianz zwischen Großbritannien, den USA und der ehemaligen Sowjetunion. Nach dem Krieg wird er zunächst als Premier abgewählt, kehrt aber 1951 ins Amt zurück und macht sich um die Aussöhnung innerhalb Europas verdient. Auch als Maler und Schriftsteller beweist er Talent und erhält für sein sechsbändiges Werk über den Zweiten Weltkrieg im Jahr 1953 sogar den Literatur-Nobelpreis. Er wird von der britischen Königin zum „Sir" ernannt, wird Ehrenbürger der USA und stirbt hoch geachtet im Jahr 1965 in London.

David Beckham

Diana Spencer (Lady Di, 1961–1997). Ein märchenhaftes Dasein hätte es werden sollen – es wurde ein Tragödie: Das kurze Leben der Diana Spencer, Prinzessin von Wales und Gemahlin des britischen Thronfolgers Prinz Charles, endete unter mysteriösen Umständen bei einem Autounfall am 31. August 1997 in Paris.
Die in Sandringham geborene ehemalige Kindergärtnerin Diana Spencer heiratete den Prinzen im Jahr 1981. Sie wurde Mutter zweier Söhne (William und Harry), die an zweiter und dritter Stelle der Thronfolge stehen. Diana, die im Volksmund als „Lady Di" bezeichnet wurde, war für ihr karitatives Engagement berühmt und weltweit populär. Die eher schüchterne junge Frau setzte sich für die britische AIDS-Hilfe ein und kämpfte für ein Verbot von Landminen. Die Ehe der weltweit wohl am häufigsten fotografierten Person war jedoch sehr unglücklich – immer wieder erlebte Diana Demütigungen seitens ihres Gemahls und des Königshauses. Nach ihrem Tod erhielt sie den inoffiziellen Beinamen „Königin der Herzen", den im 17. Jahrhundert auch Elisabeth Stuart, die Frau des glücklosen Winterkönigs, getragen hatte.

Charles Dickens (1812–1870). Im Alter von zehn Jahren wurde Charles Dickens, später einer der größten viktorianischen Schriftsteller, aus der ländlichen Idylle Chatmans gerissen, weil seine Eltern nach London zogen. Diese Tatsache hat in seinem gesamten Werk tiefe autobiographische Spuren hinterlassen. Sei es „Oliver Twist", „Bleak House", „David Copperfiled" oder „A Tale of two Cities" – in allen Werken stellt er die Gegenwelten ländliche Idylle und gefährliche Vorstadt heraus. Als Zwanzigjähriger entschloss Dickens sich, Journalist zu werden. Er arbeitete als hoch bezahlter Reporter von Parlamentsdebatten und schrieb Sketche für verschiedene Zeitschriften. Dann begann er, Fortsetzungsromane zu schreiben – „Pickwick Papers", in denen er Fantastisches und Pathetisches, Komisches und Melodramatisches, Realistisches und Märchenhaftes vermischte und so eine Form von englischem Sozialmärchen schuf. Noch heute wird in England sein Werk „A Christmas Carol" als eines der sozialkritischsten Stücke angesehen.

Das 20. Jahrhundert sieht den Gesellschaftskritiker Dickens als einen Vorläufer Dostojewskijs oder Kafkas.

John Gay (1685–1732). Der Weg zu Gay führt heute über Bert Brechts Dreigroschenoper. Er schrieb deren Vorläufer „Beggar's Opera", sein erfolgreichstes Werk, und sicherte sich damit einen Platz unter den bedeutendsten Autoren des 18. Jahrhunderts. Er stammte aus einfachsten Verhältnissen und kam erst zur Literatur, als er seine Lehre bei einem Londoner Seidenhändler abbrechen musste, die ihn krank gemacht hatte. Unter dem Patronat des Herzogs und der Herzogin von Queensberry und mit der Unterstützung seiner Schriftsteller-Kollegen Pope und Swift konnte er seine literarische Karriere ausbauen. Gay schrieb unter anderem viele Gedichte. Sein bestes und zugleich nach verbreiteter Meinung das beste Gedicht über London überhaupt ist „Trivia, or, The Art of Walking the Streets of London".

John Gay

Graham Greene (1904–1991). Nach seinem Studium in Oxford und seiner journalistischen Arbeit bei der „Times“ ging Greene während des Zweiten Weltkriegs in den Dienst des „Foreign Office“. Nach vielen, eher unbedeutenden Reiseberichten erregte er Aufmerksamkeit durch drei Romane: „Stambul Train“, „Brighton Rock“ und „The Power and the Glory“. Sein Hauptinteresse galt mehr und mehr der Verkettung von Politik, Religion und Moral. Er verlegte Ereignisse darum gerne in Länder, die gerade im Brennpunkt der Weltpolitik standen, wie zum Beispiel bei „Our Man in Havanna“. Den größten Ruhm erlangte Greene in Deutschland mit seinem Drehbuch zu dem Film „The Third Man“. Eines blieb ihm jedoch versagt: der Literatur-Nobelpreis – obwohl er jahrzehntelang als sicherer Kandidat für diese Auszeichnung galt.

James Joyce (1882–1941). Joyce gehört zu den Globetrottern unter den englischen Schriftstellern. Er verbrachte seine Jugend in Irland, verließ seine Heimat aber bereits mit 22 Jahren und lebte danach, bis auf kurze Ausnahmen, auf dem Kontinent. Dass Joyce als Jesuiten-Zögling aufwuchs, hat sein gesamtes Werk geprägt. Sein Weg führte ihn über Paris und Zürich nach Triest, später wieder zurück nach Zürich, wo er auch starb. Seine Hauptwerke sind „Ulysses“ – ein Buch, das als Ursprung des modernen Romans gilt –, „Chamber Music“, „A Portrait of the Artist as a Young Man“, „Dubliners“ und „Exiles“.

John Keats (1795–1821). John Keats gehört zu den großen Dichtern der jüngeren Romantik. Er war Londoner und wurde als Sohn eines Stallmeisters am Hofe geboren. Da seine Eltern früh starben, wuchs er in der Schule von Enfield auf. Schon während seiner Lehrzeit bei einem Apotheker begann Keats zu schreiben. Sein erstes großes Gedicht war „Endymion“, ein Versroman in vier Büchern, den die Kritik seinerzeit total verriss. Das zentrale Motiv all seiner Werke war die Suche nach Liebe und Vollkommenheit.

Alexander Pope (1688–1744). Pope wurde im Jahre der „Glorious Revolution“ als Sohn von Katholiken geboren und bekam in seiner Kindheit all die Schwierigkeiten deutlich zu spüren, denen sich Katholiken in England damals gegenübersahen. Außerdem war er schwächlich und verkrüppelt und wurde häufig deswegen verhöhnt. Vielleicht vervollkommnte er gerade deshalb seine außerordentlichen dichterischen Fähigkeiten schon früh. Bereits mit 16 Jahren schrieb er seine „Pastorals". Sie begründeten seinen Ruhm, den er mit „An Essay on Criticism" weiter ausbaute. Berühmt wurde er vollends 1712 durch sein ironisches Epos „Der Lockenraub". Auch als Übersetzer machte er sich einen Namen. Er übertrug Homers „Odyssee" und „Ilias" in die englische Sprache. Auf die Homer-Übersetzungen folgte seine „Shakespeare-Ausgabe", für die ihn sein Zeitgenosse Lewis Theobald, der erste bedeutende Shakespeare-Herausgeber, kritisierte. Pope rächte sich, indem er Theobald zum Helden seiner Dummkopfiade, der „Dunciad" machte.

Alexander Pope

William Shakespeare (1564–1616). Kein anderer englischer Dichter hat die englische Sprache so sehr um Zitate und geflügelte Worte bereichert wie das geniale Naturkind, der weltentrückte Weise, der geschäftstüchtige Theatermann oder devote Fürstenknecht. Denn das alles war Shakespeare in einer Person. Doch alle Bilder, die man sich zu verschiedenen Zeiten von ihm, dem „Sweet Swan of Avon", gemacht hat, sind keine gesicherten Biographien, sondern lediglich hilflose Versuche, mit der Größe und Wirkung seines Werkes zurechtzukommen. Vermutlich stammt er aus gutem Hause, sein Vater soll ein wohlhabender Handschuhmacher in Stratford-on-Avon gewesen sein. In den 90er Jahren des 16. Jahrhunderts wurde Shakespeare Mitglied der Theatertruppe Lord Chamberlain's Men, die sich nach der Thronbesteigung Jakobs I. im Jahre 1603 King's Men nennen durfte und damit zum königlichen Hof gehörte. Sein dramatisches Schaffen begann er in den Jahren 1590–1593, als er am Londoner Themse-Ufer auch sein berühmtes „Globe Theatre" errichten ließ. Als erstes Werk gilt die Trilogie „Heinrich VI.". Schlag auf Schlag folgten seine großen Werke – unter anderem „Hamlet", „Sommernachtstraum" und „Othello" –, die sämtlich aufzuzählen hier zu viel Platz einnehmen würde. Shakespeares einzigartiger weltliterarischer Rang beruht auf seiner schöpferischen Sprachkunst, die alle Register vom Pathos bis zum Wahnsinnsgestammel, vom spielerischen Sprachwitz bis zur derben Zote einsetzt. Bis heute ist sein Werk Maßstab und Herausforderung für Theater und Wissenschaft geblieben.

George Bernard Shaw (1856–1950). In Dublin geboren, zog es den 20-jährigen Spötter mit der scharfen Zunge vier Jahre nach der Scheidung seiner Eltern nach London. Dort avancierte er vom Gelegenheitsarbeiter zum erfolglosen Romanschreiber, ehe er ab 1884 Karriere in der sozialistischen „Fabian-Gesellschaft" machte. Von nun an ging es für den Workaholic bergauf: Rund 70 Dramen verfasste Shaw während seines langen Lebens, meist lehrreich, fast immer witzig-ironisch verpackt – von „Helden" bis „Pygmalion". Den Literatur-Nobelpreis im Jahre 1925 nahm er an, den Adelstitel jedoch lehnte er ab.

Edmund Spenser (1552–1599). Er trug den Ehrentitel „A Poet's Poet" – eines Dichters, von dem andere lernen können. Seine visionäre Erfindungskraft war berühmt. In London geboren, studierte er mit einem Stipendium in Cambridge. Er wurde 1580 Sekretär beim Earl of Leicester, dem Liebhaber der Königin Elisabeth I. In dieser Eigenschaft lebte und arbeitete er vor allem im irischen Kilcolman Castle – in der Nähe seines Freundes Sir Walter Raleigh, dem berühmten Seefahrer und Schriftsteller. Spenser versuchte vergeblich, mit Hilfe seiner Dichtung „The Faerie Queene" Königin Elisabeth I. so zu schmeicheln, dass er einen Posten am englischen Hof bekam. 1598 musste er jedoch vor irischen Rebellen nach London flüchten, wo er im Jahr darauf starb. Sein schriftstellerisches Werk, das er erst 1579 begann, umfasst unter anderem die beiden Hauptwerke „The Faerie Queene" und „The Shepheardes Calendar" sowie zahlreiche schöne Liebessonette.

Margaret Thatcher (geb. 1925). Von Zeitgenossen wurde und wird sie gerne als „Iron Lady" (Eiserne Lady) bezeichnet, und tatsächlich ist es vor allem der unbeugsame Wille zur Macht, dem Margaret „Maggie" Thatcher ihre Berühmtheit und ihre politischen Erfolge verdankt. Als Sohn des Bürgermeisters der Kleinstadt Grantham am 13. Oktober 1925 geboren, wird die mit Denis Thatcher verheiratete Juristin und Mutter zweier Kinder im Jahr 1959 konservative Abgeordnete im Unterhaus. 1970 wird sie zur Erziehungsministerin ernannt, übernimmt 1975 den Vorsitz der Konservativen Partei und wird 1979 zur ersten Premierministerin Großbritanniens gewählt. Mit eiserner Hand stabilisiert sie die seinerzeit desaströse Wirtschaft des Landes, setzt auf Privatisierung, Steuersenkungen und die Verringerung staatlicher Leistungen. Zwar wird dadurch die Kluft zwischen Arm und Reich in Großbritannien wieder größer, doch die Wirtschaft verlässt ihre Talsohle und die bis dahin ungeheuer einflussreichen Gewerkschaften werden Stück für Stück entmachtet. 1982 setzt Thatcher Truppen ein, um im Konflikt mit Argentinien um die weit entfernten Falkland-Inseln das Gebiet zurückzugewinnen. Sie ist erfolgreich und hat sich damit innenpolitisch hohes Ansehen erworben.

Insgesamt dreimal wird Thatcher als Premierministerin im Amt bestätigt, ehe sie im November 1990 von ihren Ämtern zurücktritt. Im Juni 1992 wird sie mit dem Titel „Baroness of Kesteven" in den nicht-erblichen Adelsstand erhoben.

Oscar Wilde (1854–1900). Er selbst bezeichnete sich als „einen Mann, der in symbolischer Verbindung zur Kunst und Kultur seiner Zeit stand". In der Tat bringt sein Leben und sein Werk die sozialen, moralischen und ästhetischen Strömungen der spätviktorianischen Zeit zutage. Nach einem glänzenden Studium am Trinity College, Dublin, und am Magdalen College, Oxford, landete der geistreiche Lebemann, statt weiterhin Karriere zu machen, im Gefängnis. Grund war eine Anklage, die ihm 1897 zwei Jahre Zuchthaus mit Zwangsarbeit wegen homosexueller Praktiken einbrachte. Der Prozess zeigte, dass hier das puritanisch-moralische Bürgertum mit der dekadenten Künstlerschaft abrechnete. Die Gefängnisstrafe zerstörte Wildes Leben und Künstlertum. Nach der Entlassung entstand sein letztes Werk „The Ballad of Reading Gaol". 1900 starb Wilde, völlig verarmt, im Exil in Paris. Seinen Ruhm hatte er jedoch in den Jahren zuvor mit frivolen Gesellschaftskomödien begründet, mit denen er die prüde Gesellschaft der viktorianischen Epoche verspottete – zum Beispiel „Lady Windermeres Fächer", „Eine Frau ohne Bedeutung" oder „Ein idealer Gatte". Doch auch die von Richard Strauss vertonte Tragödie „Salome" und der Roman „Das Bildnis des Dorian Gray" machten Wilde unsterblich.

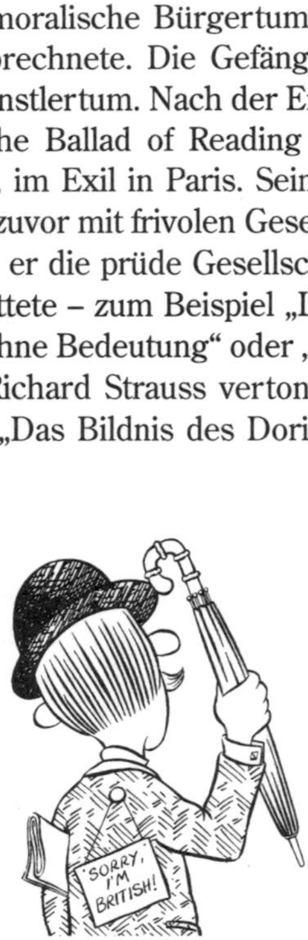